Cuentos From
My Childhood

Cuentos From My Childhood

Legends and Folktales of Northern New Mexico

A BILINGUAL EDITION

BY PAULETTE ATENCIO

TRANSLATED BY RUBÉN COBOS

MUSEUM OF NEW MEXICO PRESS

The following has generously given permission to use quotations from copyrighted works: Excerpted poetry by Gustavo Becquer from *Que es poesia*, copyright © 1975 by the Cultural Awareness Center, University of New Mexico.

Manufactured in the United States of America.

10 9 8 7 6 5 4 3

Library of Congress Cataloging-in-Publication number: 91–61599.
ISBN 0–89013–225–9 (clothbound); 0–89013–226–7.

Design by GLYPHICS/Terry Duffy Design.

Special Thanks: Mary Wachs, Museum of New Mexico Press; Orlando Atencio; Mary Montaño, Hispanic Culture Foundation.

Museum of New Mexico Press
P.O. Box 2087
Santa Fe, NM 87504

Dedicated to the memory of
Ricardo and Raquel Durán.

Contents

El Contenido

Foreword

Paulette Atencio's live performances are vivid events, full of movement, laughter, and vibrant expression. Her audiences—whether composed of schoolchildren, young mothers, teachers, businessmen and -women, or *los ancianos* (seniors)—rock with the gaiety, sorrow, anticipation, amazement, surprise, and delight of these singular performances.

Paulette learned her *cuentos* (stories) at the feet of her mother, Raquel Durán, whose repertoire of fascinating and reflective tales was delivered by the light of the fireplace in their Peñasco, New Mexico, home. Mrs. Durán, in turn, learned them from her *madrina* (godmother). In those days, before television and films, storytelling was not only a form of entertainment but a way to mold values and attitudes in young minds. Many of the stories were local variants of centuries-old folktales told around the world. *La Llorona*, for example, has a counterpart as far away as Germany and Hawaii—indeed, in every corner of the world.

For Paulette, who has shared these stories for years in community gatherings, schools, and conferences around New Mexico, storytelling is also an important method of preserving the rich cultural legacy of generations of Hispanic presence in the American Southwest. Her *cuentos* not only help preserve the unique language of northern New Mexico but also serve to balance the historical record of this region.

The stories in this volume appear in English and in regional northern New Mexico Spanish, which is the language in which the stories were originally recounted by Paulette, her mother, and godmother.

Cuentos From My Childhood effectively ensures the preservation of these treasured stories for generations not yet born and for those not lucky enough to have a storyteller in their own lives.

Mary Montaño
Hispanic Culture Foundation
Albuquerque, New Mexico

Introduction

Since I was a little girl growing up in Peñasco, New Mexico, I have been intrigued by storytelling, largely through the memorable experiences of listening to my mother's stories. As children, we would gather at her feet, with only the glowing light from the fireplace, listening attentively to the tales of comedy, romance, tragedy, and witchcraft. She could carry us to faraway places where people cried, laughed, played, and suffered. Some were clever, and others faced horrible situations that completely changed their lives. Our own travel experiences were so limited that it was necessary for us to use our imaginations to their maximum capacity. My adventures into the realm of make-believe were so vivid and exciting that they were forever imprinted in my memory.

The years passed and the thought of becoming a professional storyteller was the furthest thing from my mind. My first experiences with formal storytelling came as I shared these stories with my own children and with other children whom I baby-sat. Soon my own children were in school and I became a parent volunteer and taught a class on foods and cake decorating. After the hands-on presentation, I would often relate short *cuentos* (stories) to my students. I quickly discovered that the stories were as important, if not more so, than the initial planned activity. Storytelling has fallen out of practice in many households; it is no longer a ritual of childhood, as it used to be. I felt that the younger generations were lacking in a vital and important part of their heritage, and so I decided to continue volunteering my storytelling services to the schools.

A few of the stories told to me had missing links; it took years of searching in order to complete the stories. For example, in the story "The Singing Flower," my mother was unable to remember the words that the flower had sung—an integral piece of the story. Twenty-four years later, while I was working in a nursing home, an elderly woman sang the missing verse and the mystery was solved. In "The Beautiful Dark-Skinned Lady," I did not know the message that the dead mother conveyed to her daughter. Thirty-two years later, I was listening to a cassette of some poetry by a Spanish poet named Gustavo Becquer and discovered the lost words. At that moment, I realized that another story was complete. A person has to truly love storytelling to fully understand just how important it is to bring a story together.

Having the ability to captivate an audience with just my voice is a rewarding experience. Storytelling is an important means of perpetuating rich cultural traditions from generations past.

This work enables me to share a few of my stories with many wonderful people throughout the United States, as well as in other countries. Each story has a place in my heart because it takes me back to my childhood days.

May God bless you always, and thank you for traveling with me to the land of make-believe!

Paulette Atencio
Chama, New Mexico

Cuentos From My Childhood

The Weeping Woman

The story of *La Llorona* (The Weeping Woman) has many origins, but one I feel to have great authenticity is that concerning Marina la Malinche, the faithful companion of Hernando Cortes. She reportedly died of a broken heart, and it is from this sorrowful end that the legend of the weeping woman began. The story traveled to many parts of the world, changing with time, and was eventually told in New Mexico in the following form.

The story took place in the town of Santa Fe, New Mexico, sometime in the early 1800s. A beautiful baby came into the world. She was welcomed with open arms and received the best of everything. Maria was her name. Her parents were very wealthy. They lived in a huge two-story house.

As the years passed, she was blessed with a beauty possessed by few, if any, of the local girls. She had dark skin, eyes like a pair of sapphires, and jet black hair that cascaded past her fragile shoulders all the way down to her waist. She was given many lovely clothes, toys, and a collection of dolls, which she placed on top of her canopy bed. But she was nothing but a spoiled brat! Some of the little girls would go to her house and say, "Maria! Maria! Do you want to play with us, Maria?" Maria would answer in a very brattish tone of voice, "I don't want to play with you because I don't have to! My mommy buys me pretty clothes but your clothes are nothing but rags!"

Soon Maria grew older and more beautiful. By this time, none of the girls liked her. But what did it matter! The boys did! They were all in love with her and wanted to marry her, yet Maria wouldn't even give them the time of day. She didn't think they were good enough for her.

One afternoon, she went for a walk with her grandmother. She explained to the older woman that she wished to marry the most handsome and strongest man in all of Santa Fe. Her grandmother, in return, advised her that it was more important to find an honest, kind man who would care for her and a family. Maria laughed and thought her grandmother was just too old and didn't know any better.

Not long after this conversation, the man of her dreams arrived in town. His name was Gregorio Ventura. He came all the way from El Paso, Texas. He was a very good-looking man but was as wild as they come. He loved to drink, gamble, and womanize. When they met, though, it was love at first sight, but both were stubborn and played hard to get. Eventually they married, despite her family's disapproval.

Things were fine for a few years. They were blessed with a beautiful daughter and a handsome son. Unfortunately, Gregorio soon became restless. He returned to his wild ways. Maria was left behind and became very lonely. It was hard for her. Throughout her life, she had received everything her heart desired, but now she could not have the man she loved. She also knew that many people were talking behind her back.

One evening, Maria and her children were sitting out on the porch. Gregorio drove up with another woman by his side. He got down, talked to his children and gave them some gifts, but didn't even look at Maria. Then he drove away. Maria started crying hysterically until she was out of control. No one can say what really happened. Maria dragged her children to the river. She yelled at them and told them that if she hadn't had them that maybe Gregorio would still love her. She then pushed her children into the water. The current was very strong. The children had never learned how to swim and they drowned! At that moment, Maria came to her senses and began to scream for help, but no one could hear. She ran along the riverbank trying to reverse her horrible action. She fell and hit her head on a rock. Death came swiftly for her.

The following day, Maria's parents and a few other people went in search of her body. When they found it, they took her back to Santa Fe. Sacred burial ground was denied her by the local priest, so Maria was buried on the bank of the river where she had perished along with her innocent children. Such a tragedy had never happened before and the community was deeply affected. No one wanted to go home. All the people just stayed outside talking.

That night, people began to hear anguished sounds of crying. Some said it was just the wind, yet most feared it was Maria continuing to cry over her lost children. In fact, they felt certain they could even make out the words, which seemed to get closer and closer: "Ay, Ay, Ay! Where oh where are my children!" she cried. From that night on, no one ever called her Maria anymore. They called her *la llorona*. All the mothers warned their children to be home before dark because *la llorona* was out looking for her children and might take one of them away.

There was one boy who refused to listen. One night, he

disobeyed and walked toward the riverbank where *la llorona* was often heard. As he got closer to the river, he heard a woman crying and calling out for her children. Soon he could make out a draped figure coming toward him with outstretched arms! She came closer and closer to where the young boy was standing. He was so terrified that he couldn't move. *La llorona* picked him up and was about to fling him into the river when the church bells started to ring! She dropped him and, in a flash, disappeared from view. The young boy's heart was beating fast, his mouth was dry, and he couldn't stop shaking. Finally, he began to run and did not stop until he reached his house. He was crying and talking at the same time—trying to inform his mother what *la llorona* had done to him. His mother did not believe him and was about to spank him for being late and disobeying. It was then that she saw the boy's torn shirt stained with blood. She also found fingernail markings imprinted deeply into his skin.

The following day, the mother took her son all over Santa Fe and showed the people what *la llorona* had done. Years have gone by since the story of *La Llorona* was told. Many people say that *la llorona* is just make-believe. Others say that if you listen closely late at night, you will still hear her crying, "Ay, Ay, Ay! Where oh where are my children!"

The Black Cat

In a small town known as El Nido, in northern New Mexico, there lived a lady by the name of Margara. She had an ugly nose and warts covered her face and body. She always dressed in black and often walked on back roads in the hills looking for herbs. People were afraid of her and suspected her of practicing witchcraft.

In the same town, there was a man by the name of Don Lencho who lived with his wife, Corina, and a daughter, Sonia. The daughter was very beautiful and many young men dreamt of marrying her.

One day, Margara found her black cat dead. Immediately, she accused Don Lencho of causing her cat's death. Don Lencho stayed away from her and his family knew they were to do the same.

The next day, Margara made some bread and took it to Don Lencho and his family as a gift. He refused to eat it and gave it to his dog. The next day, the dog was found dead. When Don Lencho questioned Margara about the dog's death, she denied the whole thing.

A few days later, as Don Lencho's family was eating

supper, they heard a commotion in the barn. An owl was
scaring the cow. When they got closer, they found the owl
had pulled out one of the cow's eyes! Don Lencho knew it
was Margara, that good-for-nothing witch, who was respon-
sible. He threatened to pull out one of *her* eyes if she didn't
make the cow better.

Two days later, he found that his cow was gone,
replaced by another. Don Lencho was extremely busy and
forgot about the witch. He hoped there would be no more
trouble. Margara, on the other hand, wanted revenge!

Not long after the incident in the barn, Margara gave
Sonia some candy to eat. Within a few days, the beautiful
Sonia had a huge abscess on her face. It terrified anyone
foolish enough to set eyes upon her.

Sonia's mother cried for days. She felt so helpless and
her daughter was ruined forever. Don Lencho blamed
Margara. He had seen another black cat lurking around his
house. Angrily, he said, "I'll prove it is Margara who has
done this to my Sonia!" He knew some tricks about witches
and the effects of magic spells.

Don Lencho made a big, round circle in his yard and
waited behind some bushes. Next to the bushes, on a high
roof, sat the black cat, looking down. Within moments, the
black cat jumped off the roof and accidentally landed inside
the man's circle. Immediately, the cat panicked when it
discovered it couldn't break out of the circle. Don Lencho
knew it was just a matter of time until the animal would
transform into its evil human shape. It moved around and
around but couldn't get out of the circle. After an hour of
endless circling, the black cat turned into Margara. "Look
who it is," shouted Don Lencho. He was furious and
continued yelling at the top of his voice. "Beware, old
witch! You will pay!" "Don't kill me," cried Margara. "I'll
do whatever you want." Don Lencho replied, "Give my

daughter Sonia her beautiful face back or I'll personally burn you!" Margara knew that he meant business so she agreed to cure Sonia's face with herbs. In time, Sonia overcame the ill effects of the spell. Don Lencho never forgave Margara, but she soon disappeared and never returned to El Nido again.

Five years later, when Don Lencho was on his deathbed, he confessed that he had mixed some of the witch's own herbs into her food, which had killed her. A few people went in search of her body but found only her skeleton, in a sitting position! Sonia and her mother packed their belongings in a hurry and left El Nido, never to be seen again!

Dancing with a Ghost

One windy night as my father and I drove toward Taos, New Mexico, we saw a hitchhiker on the side of the road but decided not to stop as we did not recognize him. My father made the joking remark that perhaps he wanted a ride to the dance! He explained that this reminded him of a story he had heard while working in Utah.

One dark and dreary Saturday night a soldier, who had just returned home from active duty, drove his beat-up old Chevy down a dusty road. He had not been driving for long when he saw a young woman trying to hitch a ride. He stopped and asked where she was going. The young woman said that she was going to a dance. The soldier, feeling no apprehension, decided to give her a ride and drove on.

During the ride into town, they exchanged names but spoke very little. The young girl's name was Crucita Delgado. She was very beautiful. When they arrived at the dance, people were curious to see this stranger who arrived with the well-known local boy. Her face was pale and she was dressed in clothing reminiscent of years gone by. Her Victorian dress was black with tiny pink and blue flowers. It had a high collar with white-lace trim and held by a cameo pin. Her hair was piled high and crowned with a thick braid. She wore black silk stockings and high lace-up shoes. The ladies wondered if this was an old style making a comeback—no one dressed like that anymore. The soldier thought that the girl was dressed like his grandmother.

The musicians began to play and the soldier asked Crucita to dance. The music was too loud and fast for her. She had a difficult time following the dances everyone else was doing on the floor. The soldier pulled her here, there, and everywhere. She didn't know if she was coming or going. She was all feet! A few fast turns and down she went! The people tried hard not to laugh, but it was impossible. Crucita was quite a sight. She was so embarrassed. Tears rolled down her pale cheeks. The soldier felt sorry for her and tried to be reassuring.

After a short intermission, the music started again. This time it was Mexican music, accompanied by violin, accordion, and guitar. Crucita was eager to dance to the traditional music. She commanded attention on the dance floor and became the "belle" of the ball. The first dance was a polka, followed by a waltz and finally a *chotis*. Crucita and the soldier danced while all the people watched. Finally, the song "Home Sweet Home" brought the dance to an end.

Outside, the soldier draped his trench coat over Crucita's shoulders. He, wanting to see her again, insisted that Crucita take his trench coat home with her and he would return for it the next day. Crucita wished to be dropped off exactly where she had been picked up. The soldier, wanting to escort her all the way home, did so reluctantly.

That night, the soldier tossed and turned in his bed. His heart beat wildly and his thoughts were racing in all directions. He finally realized that he would have no peace until he saw Crucita again.

In the morning, he drove his truck up to the place where he had dropped Crucita off and then walked along a narrow path leading to an old, abandoned adobe house. He knocked and knocked but there was no answer. After some time, he noticed an old lady with a cane walking slowly toward the house. She asked what he was doing there. The soldier replied that he wanted to talk with Crucita. Upon hearing this, the old lady panicked and broke out in a cold sweat. "Go away," she cried. "Why do you want to scare me? Go away! Crucita is not here anymore!" The soldier tried to calm her down. "Please, lady. Do not fear me. I had the happiest time of my life last night. Crucita is not only beautiful but can dance better than most ladies I have known."

The old lady wanted to know every detail of the previous night. After the soldier finished relating all the events, he had a cold, empty feeling inside. The old lady wanted to show him something. He was confused but obediently followed her to the local cemetery. The next thing he saw was his trench coat draped over a headstone! He now felt confused and rather scared. He picked up the coat and his eyes almost fell out of their sockets! On the headstone was inscribed:

Crucita Delgado
May Her Soul Find Eternal Peace!

The soldier began to cry. When the shock was over, he realized, for the first time, that he had danced with a ghost! A ghost who, for a brief time, had provided him with a feeling such as he had never known nor would ever know again!

Teresita

A young and handsome man named Antonio was on top of the world. What more could he ask for: He was in the prime of his life, about to begin his teaching career. Best of all, his heart belonged to Teresita. It was she he dreamt about and the woman he hoped would become his wife. "Oh! How happy we will be. The children we will have, and a white house with a picket fence. Oh yes, let's not forget the farm animals," he would say. His thoughts ran wild! Teresita, in turn, was so in love with Antonio that she felt life was not worth living without him.

The young man would often go to visit his sweetheart with a serenade he had composed just for her. Yet soon he would have to leave her to pursue his teaching career.

On a beautiful full moon night, Antonio went to bid farewell to his beloved Teresita. He sang, and for some strange reason, he felt as though he'd never see her again. He reassured her that he would be back for her. They pledged to marry as soon as the school year was over.

The night ended too quickly. They kissed ever so sweetly, and while they were holding on to each other, they began to cry. In the morning, Antonio started on his long journey.

A few days after school started, Antonio grew acquainted with a pretty, dark-faced student in his class. Being of kind nature, Antonio was willing to provide additional assistance to his students. Sensing this, the girl constantly requested Antonio's extra time, pretending to need help in her studies. Unfortunately, Antonio did not realize her true intentions. He did not realize that she was out to win his love.

Antonio resisted the girl's advances because his heart belonged to Teresita. It was with her that he wanted to spend his life. The pretty, dark-faced student would not take no for an answer. She decided that if she couldn't have him, Teresita wouldn't either! The student was known to practice witchcraft! People considered her to be one of the best, and she was feared by all.

Antonio returned home when school let out for Easter. Both his friends and Teresita saw that he had changed. He was constantly sick. Soon he became crippled and started to lose his mind. Sometimes he would sit on the rooftop, laughing and talking to himself. Other times, he would try to dance in the hills, singing songs about Teresita. Occasionally, he would just crawl like a child. People could not believe this was the Antonio they had known before nor could they understand what was happening.

Teresita took care of him but started to realize that her hopes and dreams of marrying Antonio would soon be gone. A neighbor advised her to go see a *curandera*, a person believed to have supernatural powers with which to battle evil forces. Maybe she could help this most unusual case. The *curandera* agreed to see Antonio.

When the *curandera* arrived at Antonio's house, ten black dogs surrounded the property and would not let her down from the horse-drawn buggy. An owl sat on the fence and a black cat entered the house through the chimney and attacked Teresita. In an attempt to throw the cat out, she upset a small wood stove, which caused a fire to start inside the house. In haste, Teresita and the *curandera* placed a crucifix on the porch. After seeing this, the black dogs took off running and the owl disappeared. Teresita was finally able to fling the cat into the fire and destroy him. Two ladies pulled Antonio out of the burning house and took him to a neighbor's home.

For more than a year, strange and unusual happenings continued with Antonio, yet Teresita and the *curandera* persisted in trying to help him. At last, he started to improve and soon was fully recovered. Antonio and Teresita once again planned to be married and have dreams of a family. Teresita never left Antonio's side, hoping to ensure that the terrible times would never reoccur. The dark-faced student was seen in the area. Her face and body appeared to be burned and she had a limp. People say that on some dark and windy nights, wild dogs lurk in the neighborhood, howling into the darkness. Few, if any, dare to leave their doors unbolted until the light of dawn appears.

The Black Wedding

This story was told to me with such sincerity and sadness that I couldn't help but feel pity for the tragic characters. People believe that this story was started by a man nicknamed "Grave Digger." Every time someone died, he was always hired to open the ground for the burial service.

Once there were two famous dancers named Luis Gonzales and Cornelia Bravo. They had plans to be married in a traditional ceremony. One custom, known as *el prendorio*, started a week before the wedding. During this time, the people in the community would celebrate for a few days with plenty of food and dancing in preparation for the big event.

The morning before the wedding, Cornelia Bravo was found dead. In those days, there was no such thing as an autopsy, so the cause of death was never known. It was a horrible and shocking time for all the people in the surrounding communities. They were so busy preparing for Cornelia's burial that no one noticed how her death had affected Luis. He refused to leave her side and continuously kissed her, imploring her not to leave him. Inevitably, she was dressed for burial in her wedding gown and veil. She looked like a fairy-tale princess who was only sleeping. She had a beautiful smile on her face, as though she was having a happy dream.

In the following years, Luis visited Cornelia's grave each evening. He whispered love poems in hopes that one day soon they could be together. People knew of his graveside visits but believed it was his way of dealing with grief.

One night, Luis went to the cemetery. He broke through the marble slab marking her grave and dug out the earth covering Cornelia. Luis lifted Cornelia, or what was left of her, out of her grave. He carried her to his house, took her upstairs, and placed her on a huge bed. It was covered with emerald-green satin and ivory lace. The room was filled with flickering candles that made it look like a funeral home. He laid the thin frame on the bed and secured it with ribbons. Luis crowned Cornelia's empty skull with a wreath of roses. He covered her dry mouth with kisses. He sat with the cold bones and celebrated his wedding vows with the corpse. Afterward, he fell asleep with the stiff skeleton in his arms.

Days later, the townspeople found the couple entwined in each other's arms. No one had any doubts as to Luis's fate. He had succumbed to a broken heart and had joined his beloved Cornelia at last.

Ever since, people have spoken in whispers of the strange happenings reported in the old dance hall where Luis and Cornelia performed when they were alive. Music can be heard late at night, coming from inside the hall, and two ghostly figures are sometimes seen spinning happily around the dance floor. Even today, most people prefer to stay away from the old dance hall, which was never used after Luis and Cornelia left this world!

José María

During the spring of 1930, a man by the name of José María returned to New Mexico from Wyoming, where he had been sheepherding. It was not unusual for men to seek employment out of state. The wife and family stayed behind to take care of the house, farm, and garden. The men would come home maybe once a year, for two or three weeks, and then return back to their jobs.

On this particular occasion, Don José María was able to make it safely to El Rincon. He still needed twenty miles to reach his destination. Soon he would be home with his family. Transportation was difficult from this point on. He would have to rely on wagon or horse to take the shortcut through the mountain. With some luck, he might catch a ride with someone fortunate enough to have a truck or car.

It was getting late and Don José María was exhausted from all his travels. He decided to stop at his *compadre*'s (friend's) house. He hoped to spend the night there and continue on the next day. A neighbor informed him that his *compadre* was out of town but that Don José María was welcome to stay at his house. Don José María was overjoyed with the neighbor's hospitality. They all had a delicious supper, but soon many people arrived at the house. Don José María was surprised. He knew most of the people in the room. Some were respected members of the community while others were thought to be involved in witchcraft. Don José María became extremely nervous—especially when the witches' meeting was announced! The windows were covered with blankets, candles were lit, and a fire roared in the fireplace. Don José María wanted to leave but it was too late. Before he knew what happened, two men blocked his path. The *brujos* (witches) began to chant. A large table stood in the center of the room. Soon it began shaking all by itself. A strong wind blew through the entire room and snuffed out the candles. The room was coldand full of strange noises. Cats were heard fighting outside—it seemed as though they were trying desperately to get in the house. The *brujos* laughed loudly in their sharp and piercing voices.

Suddenly, a large cloud of smoke filled the room and everyone was silent. When the smoke began to diminish, a short and chubby man with a long beard stood in the room. His nails were long and sharp. Everybody was happy to see him except Don José María, who was terribly frightened. Chills ran up and down his spine. The meeting continued. For a few, this evening was special. They were about to receive special powers necessary to practice black magic.

By this time, Don José María had witnessed more than what he cared to see. He wanted out! He wanted no part of this horrible witchcraft. He pleaded with the group to let him leave. "I am not like you. Please, let me go," he cried. No one seemed to hear as they were busily preparing special potions used to cast spells. In a hurry, Don José María headed for the door. *El padre de los brujos* (the father of the witches) tried to stop him and a fight broke out. He was so strong that Don José María was hardly up before he was thrown across the room again. Don José María took a good beating though he defended himself as best he could. The people in the room watched, but no one interfered. Both men were fighting like animals. Don José María knew that only one could live. He grabbed a sharp knife that was on the table and aimed for the heart of *el padre de los brujos.* Just then *el padre* stumbled and hit his head. This gave Don José María a chance to escape. He opened the door and took off running. He hurried through the mountain trails, traveling most of the night. As the sun came up the next day, he finally arrived home. He was such a sight that he scared his own family. He was dirty, scratched, bloody, and his clothes were torn. He was still shaking with fear. Don José María was so exhausted that he had to remain in bed for almost a week.

He considered himself a lucky man. He had escaped the vicious, wicked witches—many people were not so fortunate. Before long, Don José María sold his belongings and moved away with his family in order to escape any future harm that might come their way. As they left, groups of owls, black cats, and balls of fire hovered close to them. Finally, the family boarded the train and breathed a sigh of relief once the train started to move. The train moved faster and faster. Their nightmare was over. "Thanks be to God," exclaimed Don José María. "We were able to beat the witches at their own game. At last, we are free!"

The Prisoner

Sometime in the 1800s, a *fiesta* (celebration) took place in one of the local communities. A young man, Roberto Diaz, was seen arguing with an older man by the name of Nicolas Maez. The next day, Nicolas was found dead outside his house. Before long, news of the murder spread and Roberto was arrested. He was accused of killing Nicolas Maez. Roberto repeatedly pleaded not guilty, but no one believed him. The lawmen were eager to find him guilty as the murderer despite the lack of solid evidence. Poor Roberto Diaz never had a chance. He was tried, convicted, and sentenced to die. The hanging was to take place at the edge of town, close to the cemetery.

Two hundred people came to see Roberto Diaz die on the day of the hanging. It was supposed to show the townspeople the consequences of taking someone's life. Roberto was brought to the site in handcuffs. A chain was tied to his ankles. He walked slowly in front with the local priest. The law officials, his family, and all the townspeople followed close behind in the procession. No one spoke a word. In desperation, his mother began singing an *alabado* (a religious hymn), which was answered by the people. The local priest asked Roberto if he had one last request before he died. Roberto answered that he would like to visit the grave of Nicolas Maez, the man he was accused of killing. Permission was granted.

When they arrived at the cemetery, the prisoner approached the grave. He fell to his knees, crying and praying. Suddenly, the ground began to tremble and continued in this manner for several minutes. All the people were very frightened. No one was able to move. Soon after this, the ground opened. Dirt was pushed upward. No one knows how long this lasted. Suddenly, the coffin tilted forward and the lid opened, exposing the dead man to the eyes of the crowd. People screamed in disbelief. Roberto was the only one who was not scared. Most of the people scattered and ran away in hysteria. The few people who stayed had a horrified look on their faces. The priest made the sign of the cross and ran his fingers back and forth on his rosary. Roberto moved closer to Nicolas and asked, "Do you believe that I am guilty? Am I the one who killed you?" Nicolas answered, "No, Roberto. You did not kill me. I have come back to help you." With that, the corpse fell back and the coffin lid closed. The dirt covered the coffin and the grave once again appeared untouched. After what seemed a lifetime, the people were able to speak and move.

Everyone who witnessed the astounding event learned something that day about unjust accusations. The astonished officials removed the handcuffs and chains. Roberto found his mother and they cried and held each other, scarcely able to believe this wondrous turn of events. With that, Roberto took his mother's hand and walked away, a free man!

Don Cuerno

Holy Week was a time I especially enjoyed because it was full of surprises. It was a time for intense praying and penance for most of the adults. We, as children, would also attend church and would participate in prayers to the Stations of the Cross. We each made a small sacrifice by giving up things we enjoyed doing or eating. These small sacrifices would last for the forty days of Lent. On Good Friday, we would go to the *morada* (a small chapel used mostly during Holy Week by a group of religious men known as *penitentes*). There, we would attend the *tinieblas*, which were religious rituals conducted by the *penitentes*. They would pray for both the living and the dead. The Saturday before Easter was spent preparing the house and the family for the big day. In the evening, the special events were coloring Easter eggs and listening to stories. Once I heard that a young man and his girlfriend were angry at the priest because he wouldn't marry them during Holy Week. They had wanted a church wedding and a big dance. Impatient for answers, I asked my mother why people didn't dance during this time of year. She smiled and began to explain in the form of another story.

Years ago in a small town, the people lived in harmony
and were very kind to one another. They had good upbring-
ings and strong religious beliefs. Most of them were poor
people; hard work is what they knew best. One day an old
man found some gold after searching for years and years.
This discovery changed the town forever. A gold mine
opened, providing jobs for many men. They started to earn
good wages and families were able to buy land, clothes,
food, and furniture. The town grew and many new busi-
nesses opened their doors. Among them was a fancy bar and
dance hall. It had wonderful music and beautiful young
barmaids. Soon very few people wanted to plant gardens,
milk cows, make cheese, or attend mass. The men even
worked in the mine on Sundays. Everybody was obsessed by
making money. The men started to gamble with cards and
horses. The women felt they had taken care of their
children long enough. They, too, wanted the better life
where people could drink, dance, and be merry.

This went on for several years. The dance hall owner
made the most money. He refused to close down the bar
during Holy Week. Men, as well as women, were getting
drunk. People started to get divorced. They were no longer
kind to one another. Everyone was filled with gossip and
hatred and many fights occurred. The church was continually
empty, except for the priest and a few elders. The children
never went because they followed in the footsteps of their
parents.

One night, which happened to be Good Friday, one of
the biggest dances took place. Most of the town was there
and everyone was having the time of his or her life. The
lively music and plentitude of liquor made them all dance
until their feet hurt. A tall, dark, and handsome stranger
walked into the dance. He was driving the women wild.
Many of them were asking him to dance—no one seemed to

be married that night! Many of the men grew jealous of the handsome stranger.

All of a sudden, the lights started to flicker. A door slammed shut and sharp laughter filled the room. The wind blew inside and knocked over the chairs and benches. Many black cats appeared. People's eyes grew wide when they saw a large, deep hole filled with huge flames. The hole was filled with suffering people who were crying and screaming. They cried out, repenting for their past sins. How they tried to get out! The tall, dark, and handsome man floated above this scene. With a pitchfork, he pushed them down. His eyes had changed to a glowing red color, and his teeth were unusually long like those of a wolf. Blood dripped out from his menacing mouth. His face and hands grew hairy and the seat of his pants ripped when a long tail started to appear. Finally, two horns grew out of his head. By now, people were screaming but could not get out of the building. The tall, dark, and handsome man laughed. He made everyone dance with him. At long last, he turned himself into a ball of fire and went through the wall. The people were so frightened that they broke down the walls in order to get out.

It is said that from that time on, Holy Week was strictly observed with quiet meditation and prayer until Easter Sunday. Dances and other forms of merriment were strictly forbidden and everyone agreed.

Who could blame them!

Seeds of Faith

One warm and sunny summer morning, an elderly man named Angelico went outside to breathe in the clean mountain air. He sat down in his favorite rocking chair and slowly sipped his coffee. He admired his unique surroundings—the rugged foothills and the fertile valley of his birthplace. The sounds of birds singing and the rushing of the river sent him into a state of daydreaming. His thoughts took him back to the years when his great-grandfather, Bernardo, would spend many nights telling stories to his grandchildren and neighbors. He recalled one of his favorite stories told by Don Bernardo—that of the chili seeds, or seeds of faith.

Don Bernardo's garden had been doing poorly for a few years. Feeling depressed, he decided to make a visit to the *morada* (a Catholic meeting place for a group of religious men). Since he was of Mexican descent, his prayers were made directly to the Baby Jesus, also known as *El Nino de Atocha*. He prayed that his luck would change and that his garden would improve.

A few days later, while hoeing his plants, he noticed some strange weeds growing. He assumed they were weeds, but after each watering, he noticed tiny, freshly made footprints next to the strange plants. He returned to the *morada*, as he often did, and lit a candle. He sang his favorite *alabado*, a religious hymn, and had started his prayers when he noticed that the shoes of the Baby Jesus statue were covered with mud. Don Bernardo decided that the strange weeds he had seen in the garden must be gifts from the Baby Jesus. He took off running and didn't stop until he got to the garden. When he arrived there, Don Bernardo was disappointed. The weeds had wilted and he could no longer see the footprints. He spent two hours sitting there chewing tobacco and came to the conclusion that it was not the end but rather the beginning of these remarkable plants.

He took special care of the so-called weeds until they began to flower. After what seemed a lifetime, the plant produced long, firm, green stems. Don Bernardo felt it was time to cut them. Later he would decide what to do with them. He took them home, examining them with interest. When he decided to taste them, he had the surprise of his life! He discovered they were very hot! They burned his mouth, so he drank a gallon of water and was forced to eat some sugar.

Don Bernardo was accustomed to swearing, but since the priest was nearby, he began to shout, "Chi, chi, chi!" Finally, he said, "Chili," which is how the hot, green plant got its name. He believed with all his heart that the Baby Jesus had blessed him with this gift because of his prayers. After many years of replanting the chili seeds, Don Bernardo became quite proficient at cultivating the wonderful plant, which became an important ingredient in many traditional dishes.

Years later, on his dying bed, he recounted the story of the seeds of faith and how to grow them properly. He explained the whole process, from saving the seeds, planting, making *ristras* and chili powder to the different uses of chili in preparing food.

Don Bernardo had been a poor farmer. The only inheritance he left his family was the discovery of chili seeds. Little did he know that he would become a local legend spreading throughout the world. The religious significance and delicious taste of the chili will hopefully live forever.

The Poor Rich Man

Once there was a family that was very poor. The wife and husband had such a hard life that both appeared much older than they really were. The children looked undernourished. The husband would leave each morning in hopes of finding a job. Every night, he returned the same as he had left in the morning—without a job. One night, the wife overheard the husband saying, "Oh, my great father of heaven! What are we going to do? We have to eat." "*Viejo* (old man)," interrupted the wife. "Why don't you plead with Mr. Pacheco? Maybe he'll hire you to work at the store." The next morning, all the remaining tortillas were eaten. The poor man prayed and asked for help. With that, he left. When he got to town, he went to Mr. Pacheco's store and begged like never before. It was useless. Mr. Pacheco was not hiring.

Again, the poor man searched everywhere for a job but found none. The husband came home feeling discouraged and told his wife one more time, "I don't know what we're going to do. I have done everything possible but it seems God is either too far away to hear me or He is just very tired and doesn't want to help. Tomorrow I'm going to look for God and ask Him point blank why we are so poor." "Don't go," the wife said. "You know that God is everywhere. Talk to Him here." Without paying attention to her words, the husband left.

He walked for miles until he arrived at the foothills of the Santa Clara Valley. The sun was shining brightly and, for a few seconds, it blinded him. He then saw what appeared to be a person. He moved closer to the man, who was sitting on a rock tending to his sheep. The mysterious man asked, "What are you looking for?" The poor man answered, "I'm looking for God. I have to talk to him. All I want to know is why we are so poor. I have faith that when I find him, he will help me and my family." The mysterious man looked deeply into the poor man's eyes and in a loving voice assured the poor man that things would change. "Your prayers have been answered. Go and enjoy your good fortune for seven years."

The poor man was very confused. Feeling ashamed, he thanked the mysterious man and walked slowly home. He couldn't believe his childish behavior. But, upon arriving home, he found his family in a happy state. One of his children had discovered bags of gold and jewelry. With this newfound fortune, their lives began to change for the better. During the next seven years, they became a wealthy family and were well known throughout the land. The poor man was very generous and shared their good fortune. He was given the nickname "the poor rich man."

After seven years passed, the poor man journeyed again to the Santa Clara Valley in search of the mysterious man. He thanked him for his kind generosity. He exclaimed that he and his family would gladly return to the way they used to be. The mysterious man replied, "You are indeed a good and just man. You have never stopped helping the poor. I will continue to bless you." The poor rich man returned home. Everyday he was grateful and lived to repay the mysterious man by providing services to the less fortunate, as we all should do!

Juan Diego

Many beautiful stories from Mexico were told to us as children. Among them was the story of a poor and humble Indian man, Juan Diego, and his encounter with the madonna, Our Lady of Guadalupe.

It so happened that the Franciscan priests working in Mexico informed the Indians that their practice of worshiping at the ruins of a particular ancient shrine was no longer acceptable and had no religious value. The shrine, built many years ago by the Indians, honored the Aztec goddess *Tonantzin*, meaning "mother." *Tonantzin* was revered as the kind goddess of the earth and corn. The people prayed to her, imploring her blessings for themselves and their crops. After the arrival of the Franciscan priests, the Indians lived to be good Christians but their spirit was broken. They were forced to change their ancient customs and beliefs and were even told where to worship.

In December of 1531, just ten years after the Spanish conquest, a poor Indian man by the name of Juan Diego was crossing the Hill of *Tepeyac* on his way to attend mass in a

Mexican city. Juan Diego was always in a hurry with much on his mind. Halfway down the hill, he stopped in amazement. He began to smell a lovely fragrance—one he had never experienced before. He heard magical harps and angelic voices, in unison, singing beautiful hymns. The sky changed into exquisite shades of unusual colors. Suddenly, he saw a bright light, from which emerged a beautiful dark-skinned lady. She reminded him of the goddess his people had worshiped many years before.

Juan Diego was scared and his whole body shook. It was an encounter like nothing he had ever imagined. The next thing he knew, the beautiful lady spoke with her tender voice and asked him to stay with her for a while. Juan Diego's heart beat rapidly and he fell to his knees. The beautiful dark-faced lady requested him to seek out the Bishop and relay the message that she desired a new church built on the ancient site where the Indians once worshiped freely. Juan cried out, "Little dark-faced mother! I am just a humble and poor Indian. What makes you think I am the proper person you should trust with your gracious message?" The dark-faced lady smiled and assured him that he was qualified because of his faith and simplicity. "I will wait here for your return," she answered.

Juan Diego rushed to tell of his strange encounter and soon arrived at the palace of the Spanish Bishop. At first, the Bishop refused to even see him. Juan Diego waited for a very long time. Finally, when the Bishop agreed to see him, he doubted the poor Indian's story and with a sarcastic tone stated that if this dark-faced lady wanted a favor, she better be prepared to give the Bishop a sign. "How else can I believe the story you come here with that seems so impossible!"

On his way home, Juan Diego avoided the Hill of *Tepeyac*, where he had seen the strange lady, and went a different way. Yet once again, the magical harps, the rainbow, and the brilliant light appeared and the tender voice spoke: "Juan Diego! Why do you avoid me?" He began to weep and informed her that the Bishop did not believe him and that he required a special sign from her. The beautiful dark-skinned lady instructed Juan Diego to climb the peak of *Tepeyac*, gather the roses that he would find growing there, and to put them in his *tilma* (shawl). It was December and roses were never found in this season, but as a trusting and faithful person, Juan Diego did what he was told. To his amazement, he found the fresh roses he had been instructed to gather. The dark-skinned lady asked Juan Diego to take the roses to the Bishop and asked him to not open the *tilma* until he got to his destination.

Juan Diego started back to the palace and prayed every step of the way. Upon arrival, he gave his message to the Bishop. He opened his *tilma* and let the roses fall. Immediately, the Bishop dropped to his knees in deep reverence when he saw the image of the beautiful dark-skinned lady imprinted on the *tilma*. The lady's hands were clasped, her eyes cast downward, and her black hair held in the style of the Indian women from *Tepeyac*.

The lady's request was fully honored and, today, a beautiful cathedral stands on the hill where a poor Indian man once had an experience such as few ever have. The dark-skinned lady, referred to as "Our Lady of Guadalupe," is now the patron saint of Mexico and Latin America.

Marina la Malinche

Hundreds of years ago, there lived a young girl named Marina la Malinche. The daughter of a great Indian warrior, she was believed to have been an Indian princess. Her early years were filled with joy and happiness. Her father, a wise man, was liked by all his people. To his beloved daughter, he passed on all the knowledge and skills he possessed. Marina learned quickly and always tried to please her father, whom she greatly respected.

Her paradise, however, soon collapsed. Marina's father died and her mother chose another man to live with. This man sold Marina to the great Aztec Indian leader, Montezuma. The Aztecs were a powerful Indian civilization inhabiting the area of what is now Mexico City. For hundreds of years, the Aztec people had passed on a belief that a fair-skinned white god was to come to live with them.

During that time, the Spaniards from the European continent were in pursuit of riches, wealth, new lands, and people to conquer. The man leading the Spanish quest was known as Hernando Cortes. He was a *conquistador* (conqueror) reknowned for his flowing, golden hair and light-skinned complexion. Few soldiers of the Spanish nation commanded such loyalty from the men as Cortes.

Cortes won approval from the Spanish leaders to go in search of land and riches with a small army and provisions. They sailed for months and finally arrived on the shores of what is now the nation of Mexico. They made their way, on foot, deep into uncharted territory in search of the great treasures rumored to exist. After a long and hard journey, they arrived in the valley of *Tenochtitlan* (the Aztec name for their great city).

The Aztec Indians, seeing the *conquistadores* astride horses, which they had never before seen, immediately believed them to be "gods." Cortes, with his fair skin and long, flowing, golden hair, was thought to be the special god they had been waiting for. Consequently, they opened the city to the "gods" and tried to please them as best they could.

One day, Cortes was having great difficulty communicating with a tribe from an area where no one was familiar with the language. He grew very impatient. Montezuma, not wanting to displease his "god," called on Marina in hopes of calming Cortes. Cortes was impressed with her great beauty and ability to communicate in different Indian languages. Soon she proved indispensable as an adviser and interpreter to Cortes. She was no longer just an Indian maiden but had an important connection to the fair-skinned "gods."

Marina, falsely believing that she was assisting her "god," played an important role in the eventual Spanish conquest of the Aztecs. Montezuma was put to death by Cortes and the Indians were imprisoned as slaves to work in the mines.

After the conquest, Cortes, having no more use for Marina, married her off to one of his Spanish officers. They lived in Mexico City. Marina refused to believe that her beloved "god" had used her for personal gain. Her heart was broken forever and she refused to live without Cortes. She spent her remaining days grieving and searching for Cortes near the waters. She never gave up the hope that one day her beloved "god" would once again need her. Together they would become one and never be separated again. Cortes died in 1547.

People in many parts of the world, especially Mexico, remember her as an Indian maiden who betrayed her people to the Spaniards. It is also believed that the legend of *La Llorona* originated from Marina la Malinche.

Little Star

One of my favorite stories while growing up was "Little Star," also known as *La Estrellita*. To me, it has always been the Spanish version of the "Cinderella" fairy tale.

Many years ago, there lived a kind and humble man. He was a hard worker and his life had been blessed with happiness. He had a beautiful wife and a daughter who loved him dearly. One day, the wife became sick and, within a few weeks, died. The poor man was left alone to raise his young daughter. She was very kind and showed due respect for her elders. Years passed by and the young girl realized how lonely her father was. She prayed that someday he would find a kind lady whom he could marry.

There was a widow, raising two daughters, who lived nearby. She pretended to be kind and generous to her young neighbor. She combed the little girl's hair and even made a pretty dress with a matching bow for her. The little girl pleaded with her father to marry this wonderful lady. It made all the sense in the world to her. Both adults were alone and in need of companionship. Together, they could all become a family again.

After several months, the two were married. Things were fine for a few weeks, but with three more mouths to feed, the father was forced to leave home to work as a sheepherder. He had not been gone more than two days when the stepmother began to show her true nature. She slept all day and refused to do any work. The stepsisters were worse. The kind young girl did not understand. She blamed herself and decided that if she did everything for them, they, in turn, would be happy and wouldn't be so mean to her. Unfortunately, this was not the case. The harder she worked, the more demands they placed on her.

One day, they received a letter from the young girl's father with some money for all of them. Part of the money was intended to purchase a sheep. Immediately, they bought the sheep and slaughtered it. The stepmother ordered the young girl to go wash the *tripitas* (intestines) in the river. The *tripitas* would be used to prepare *chonguitos* (Mexican sausage). The stepmother yelled, "Don't lose even one of them. I want them as clean as possible! If you mess up, you'll land up in the chicken coop with nothing but grain to eat." The stepsisters laughed. The kind young girl packed a piece of bread and a jar of water and went to the river to begin working. She was almost finished when she dropped one of the intestines into the river. She panicked and ran along the river with a stick in hopes of recovering the intestine. She was crying so hard that she couldn't see where she was going. Suddenly, amidst a great cloud of smoke, *la viejita de la buena suerte* (the little old lady of good luck) appeared. In a soft voice, she spoke to the young girl. "Please don't cry." "Oh!" said the young girl. "You don't know what my stepmother will do to me if I go home with one less intestine." At that moment, the old lady handed her the lost intestine. The young girl hadn't felt such happiness in a long time. "How can I ever repay you?"

asked the young girl. The old lady smiled and asked her for some food. The young girl gave her the piece of bread and some of the water she had brought to the river. Before the young girl left, the old lady touched her forehead and said goodbye.

When the girl walked into the kitchen, her stepmother began to scream. She demanded to know how she had gotten the beautiful little star on her forehead. The girl had no idea what the stepmother was talking about. Suddenly, the stepmother tried to remove the star. Instead of coming off, the little star shone brighter and made the young girl more beautiful. From that day on, she was known as *Estrellita* (Little Star).

The stepmother eventually discovered what actually happened down by the river. Instead of being angry, she decided to send her own daughters, in hopes that they might have the same luck. They grudgingly complied and took some fresh *tripitas* down to the river. When they got there, they pretended to lose some of the *tripitas.* They also pretended to cry, muttering under their breath, "That old lady better hurry! We don't have all day!" Just then, the old lady appeared and returned the *tripitas.* Instead of thanking the old lady, the ugly daughters replied, "It's about time!" The old lady asked for food but received nothing from them. They both insisted that she touch their foreheads. The old lady did so, and off went the girls. They walked back with an air of confidence, sure that all had gone well.

When they arrived home, their mother became hysterical. *Estrellita* sat there in shock. The two daughters believed that their newfound beauty was causing all the commotion. They found a mirror with which to admire themselves and soon let out piercing screams! Instead of beautiful stars imprinted on their foreheads, one had a horn and the other had a donkey's ear! The stepmother tried in vain to remove the ugly horn and ear, but it only caused them to grow longer.

Meanwhile, a very young and handsome man had been elected as Governor of the state. He invited everyone to attend the Governor's Ball. The stepmother and her daughters were excited and spent days getting ready. Finally, the evening arrived and the stepmother and her daughters left in great haste. *Estrellita* did not have a dress or shoes to wear, but she decided to follow them to the ball. She stood outside, looking through the window. Everyone was dancing to the wonderful music. People were so light on their feet that they seemed to float in the beautiful rhythm. Oh, what great joy the music brings to the people of this land, she thought. Suddenly, the music stopped. Everyone was talking, pointing in her direction. "What is shining so brightly? It is blinding us," the voices said. *Estrellita* realized that all the attention was focused on her star, and she ran all the way home.

Her stepmother and stepsisters were furious. The dance had come to an end soon after. The Governor heard of the beautiful *Estrellita.* He and several other men went to her house. When they arrived, they found her crying in her room. One of the men encouraged her to come out. As soon as she stood up and took a couple of steps forward, there was a flash. With every step *Estrellita* took, her appearance changed. The tattered clothes turned into a gorgeous gown with matching shoes. The little star on her forehead shone like a diamond. She had never felt more beautiful. The young Governor could not believe his eyes. He loved her from the first moment he saw her! He knew that soon they would marry. The stepmother and her daughters fell on their knees, begging for forgiveness. *Estrellita*, filled with so much love, patience, and understanding, placed her hand on the forehead of each sister. At that moment, something magical happened! The horn and the donkey ear disappeared from their foreheads and the sisters were transformed into gentle and kind ladies. *Estrellita* sent for her father. He arrived just in time to walk his beautiful *Estrellita* down the aisle!

The Ashes

This story begins with two *compadres* (friends). Life seemed to go very smoothly for one of the *compadres*. He didn't have to work too hard, and financially he appeared to be prosperous. The other *compadre* worked from sunup to sundown with little or no reward.

One day, while the poor *compadre* and his wife were talking, they agreed to ask their rich *compadre* for advice on how to improve their fortunes. The poor *compadre* paid the rich *compadre* a visit. He explained to his rich *compadre* how discouraged he was. "All I do is work hard and, most of the time, we even go to bed hungry," he said. "Please tell me your secret. I want to live a comfortable life like you. How can I get rich?" The rich *compadre* replied, "Just because it's you, I will help you. I made my fortune selling *ceniza* (ashes). You must do the same." Of course, he was not telling the truth! The poor man thanked him and went running to tell his wife.

Before the sun came up the next day, the poor *compadre* and his wife started working. They did not rest until the wagon was fully loaded with sacks of ashes. He kissed his wife goodbye and left for faraway places. The poor *compadre*, so determined to make his fortune, went from house to house peddling his ashes. Some people were kind, others were mean, but most of them laughed and thought he was just plain crazy! "Why should we want to buy *ceniza* when we are always throwing it away?" they asked.

Days turned into weeks and weeks turned into months and still the poor *compadre* did not sell even a handful of *ceniza*. He became angry, upset, and felt betrayed. To make things worse, he missed his family terribly. He worried and spent many sleepless nights wondering what he would tell the rich *compadre* and his family. He felt like a failure. Before the night was over, he had reached a decision. He was going home. Home was where he belonged and where he was needed.

After traveling a few miles, he realized it was useless to continue hauling the sacks of ashes. Even the horses were not cooperating and refused to pull any further. The poor *compadre* began to dump all the ashes, creating a big mess. He even threw out the sacks. He had hardly begun when a town official stopped and asked for an explanation. Not satisfied with the excuse, the official arrested the poor *compadre* and jailed him. He was sentenced to a full year with provision of the bare necessities.

After a year in jail, the poor *compadre* was finally released. His appearance had deteriorated to such a point that he didn't want to be seen. On his way out of town, a lady saw him and took pity on him. She gave him a nickel. The poor man was grateful. He hadn't seen money in so long that he began to cry. He wondered how to invest this money to help his poor family. In his confusion, he saw a store with many masks in the window. He walked in and explained his predicament to the kind storekeeper. Upon hearing the situation, the storekeeper told the poor *compadre* that he could have whichever mask he desired in return for the nickel. The poor *compadre* chose the devil mask. He wanted to show his children what a devil's face was supposed to look like.

The poor *compadre* traveled homeward until just before dark. He decided to camp and continue on the next day. He was about to fall asleep when he heard some men on horseback. They were coming his way. He was afraid that someone would recognize him. He didn't want anyone to see him in his present condition so he climbed a tree and decided to put on the devil mask. Two men got off their horses and started to dig furiously. Finally, they began to laugh and dance. They found bags of gold that they had left many years before. The poor *compadre* was just a little too curious. He was looking down at the men when all of a sudden he fell! The two men began to shout and started running. They had never been so scared in their lives. "The devil! Because of what we have done, *El Diablo* wants to be our partner in crime!" The poor *compadre* yelled, "Please, wait. Let's talk! It's not what you think! Wait!" The men responded, "Get away! We promise to repent and be good men!" It was no use. The two men kept running and never looked back. All night, the poor *compadre* didn't sleep.

Finally, the next morning, he decided to take the bags of gold along with the horses. He reasoned that he would spend just enough to buy clothes, food, and seeds. When he arrived home, his family was very happy to see him. They all cried and held each other for a long time. The two men never returned for their gold, and so the poor *compadre* and his family were better off than most people.

The rich *compadre* asked him to share the real reason as to how he came about his good fortune. The poor *compadre* only smiled and reassured him that it was done by following his advice—he had become a wealthy man by selling *ceniza*!

The Boy Who Became a Prince

Hundreds of years ago, there lived a man and his wife who didn't have any children. They constantly dreamt of having a baby. One day, they heard of a faraway place where a nice lady made wishes come true. In a hurry, they packed a few belongings and left to seek out this lady. After many days of traveling, they finally arrived. The man and his wife explained their desire to have a child, but unfortunately, the lady was a fake and took their money.

Several years went by. One day, the lady was out in the fields and she heard a baby crying. She looked around carefully but couldn't see anyone. Finally she got on her knees and crawled toward the strange sounds. There, in the weeds, she found a tiny baby. He was so small that she could fit him in the palm of her hand. When she arrived at the house with the baby, she could hardly speak. How happy she was! The husband was also overjoyed. At last, they had a son!

The days, weeks, months, and years went by. However, the baby boy did not grow. He remained almost as small as when they first found him. The tiny boy's parents didn't seem to mind at all. Their son was the most intelligent person for miles around. He was always eager to learn new things from his parents. One day, the tiny boy decided it was time to leave the house and make a new life for himself in a faraway land. His mother gave him a bowl that she used to make bread. This would be his boat. The father gave him two small branches from a tree. These would help him paddle the small boat. His mother gave him a long needle that she used for quilting her blankets. This would be his sword. The tiny boy was told that far away, beyond the waters, there was a castle where he would be safe and cared for.

When the tiny boy arrived at the castle, he found a kind king who gave him work. His job was to amuse the king's young daughter. The princess was overjoyed at her wonderful playmate. This tiny boy could walk, talk, and laugh. Having this friend was, in her eyes, pure magic. He was her living doll. The princess was never lonely again. He was the best gift she had ever received. Everyday, for many months, they would go play in the forest.

One day, a horrible monster appeared with a magic hammer. He tried to take the princess away. She began to scream. The tiny boy was scared but he knew that he must help the princess. He climbed on the monster's back and took out his sharp needle. He poked the monster in the ear, nose, mouth, and tongue. Soon there was a large pool of dripping blood. Finally, the tiny boy tickled the monster's nose, which produced the loudest sneeze ever heard in the kingdom. It shook the ground for miles around. Down, down, down went the tiny boy along with the monster's magic hammer. He tried in vain to lift the hammer. He was angry because he was so small and unable to protect the princess. Finally, he did lift it but promptly dropped it. At this instant, he wished that the monster would disappear forever. Just then, a large cloud of dust appeared and his wish came true. The monster disappeared. The tiny boy and the princess were so happy. They went running to tell the king.

The next day, the princess got an idea. Once a day, the princess would drop the hammer and wish that the tiny boy would grow. It was not long before this tiny boy grew taller and more handsome. Soon they fell in love. The king gave them his blessing and they were married and lived happily ever after.

The Rich Man

Many years ago, in a peaceful town, there lived a young man who owned most of the property in the area. He was also considered the richest man in the land. People called him *el rico* (the rich man). The only thing he lacked was a wife.

Down the road about a mile lived a man by the name of Don Gonzalo. He was very poor and owed the rich man a large amount of money. Don Gonzalo, however, did have the most beautiful daughter for miles around. Her name was Angelita. One day, the rich man decided that he wanted to marry Angelita. She turned down his proposal. He was furious and told Don Gonzalo that he would take away the house and property if she didn't marry him. Don Gonzalo was saddened by the news. He didn't want to lose what few belongings he had so he agreed to sign a paper giving permission for Angelita to marry the rich man. They also agreed that it would be up to the rich man to find a way of winning her heart. The rich man only laughed. "I intend to get what is rightfully mine," he said.

He called for his servants and informed them that he was going to marry Angelita. He ordered them to get the house and food ready for the wedding. He instructed them to buy the most beautiful wedding dress and veil for his future bride. All the people in the village were to be invited.

On the day of the wedding, the rich man gave a lady servant, considered to be a simpleton, a long list of instructions. He ordered her to go to Angelita's house and tell her that he demanded what was rightfully his! He further instructed the servant to bring her back to his house through the servant's entrance so that no one would see her. Once at the house, she was to lead Angelita upstairs to a bedroom in order to put on the beautiful dress and veil. Finally, she should escort her down the stairs and into the ballroom so that all the townspeople could see her!

The simple servant went running. When she arrived at Angelita's house, she informed her that the rich man had sent her to collect what was rightfully his. Angelita was a little puzzled and thought for several minutes. Since her father owed the rich man so much money, she decided to repay some of it by sending her donkey. The servant led the donkey away and followed all the instructions that she had been given. She took the donkey upstairs and into the bedroom. She placed the veil on the donkey's head and tied the wedding dress as best she could over the donkey's back. Just then, the rich man yelled upstairs and ordered the servant to escort his lovely bride down the stairs so that everybody could see. The loud clattering noise on the stairs aroused people's curiosity. "Maybe she doesn't know how to walk on her new high heels," one lady said to another. The servant opened the ballroom doors and led in the donkey dressed in a bride's veil and wedding dress. Everybody burst out laughing. Some were laughing so hard that they fell to the floor! The rich man felt like a complete fool and he never bothered Angelita again!

The Golden Necklace

Hundreds of years ago, there lived a man and his wife. They had such a large family that they didn't have enough food to feed everyone. They often went to bed hungry. The father decided to send his oldest daughter out into the world to find work. Her name was Zenaida. She was a hard worker and was eager to help her family.

Finding a job did not come easily, but a few days later, an old lady offered her a job. She was mean and made Zenaida work all day and part of the night. The old woman was small and wrinkled. She had a hooked nose and warts on her face. Her hair was long and stringy. The old woman had one daughter who was just as mean and ugly. Zenaida decided that they must be practicing witches after listening to their conversations and observing their bizarre rituals. She worked for several days but received no payment for her services. This went on for some time and she began to feel hopeless about ever collecting her wages.

One night, Zenaida found a golden necklace on the floor next to her room. She placed it around her neck and in the middle of the night crept out of the house. She traveled for most of the day and, just when the sun was going down, she came to a large house. It was a castle. She knocked on the door and a very old man came to the door. Zenaida informed him that she was looking for a job. The old man had numerous rooms that were in need of cleaning and so he offered her a job. He noticed the golden necklace on her neck and asked where she had found it. Zenaida explained she had taken it from an old witch. The old man knew exactly who she was talking about. The witch had previously stolen a few of the old man's belongings. He asked her if she had seen a large sword with diamonds and pearls and two large red bags of gold. "Yes," answered Zenaida. "The sword hangs over the witch's bed and the red bags are in her basket. I am not afraid of her. I will go and get them for you."

The witch was not at home when Zenaida returned to the house, and so she quickly took the sword and bags of gold. She was on her way down the stairs when she ran right into the arms of the witch. The witch laughed and said with her piercing voice, "I have you now. You can help me decide how to kill you." Zenaida had to think in a hurry. Her heart was pounding fast. All of a sudden, half stuttering, she said, "Why don't you put me in a large gunnysack and hang me from the rafters. Then you can go deep into the forest to find the biggest and hardest stick with which to beat me until I die!" The witch scratched her head. Finally, she chuckled with a wicked laugh and agreed that Zenaida had a very good idea. The witch placed her in a large sack and hung it from the kitchen rafters. She then went deep into the forest. Soon the witch's daughter came into the kitchen. Zenaida began to sing: "Oh, if only you could see what I see. If only you could see what I see."

The witch's daughter was quite startled for a few seconds. Then she asked, "What do you see in there? You had better tell or else I'll get my mother. She's a witch, you know!" Zenaida kept on singing: "If only you could see. It's wonderful!" "I want to see," said the witch's daughter. "No, you can't. It's only for me," said Zenaida. "It's not! It's not!" replied the witch's little brat. Soon Zenaida felt the large gunnysack lowering to the floor. The witch's daughter ordered Zenaida out of the bag and she got in. Zenaida told the witch's daughter that the only way to see something wonderful was hanging from the rafters. The witch's daughter agreed, and up to the rafters she went. Zenaida left her there, singing: "Oh, if only you could see what I see!"

Zenaida picked up the sword and the bags of gold and ran all the way back to the castle. When she arrived, she handed the kind man his belongings. Days later, she learned that the old man had given her parents the bags of gold. He also introduced her to his only son. In time, they got married and had many wonderful years together!

As for the witch's daughter, she remained in the gunnysack, singing: "Oh, if only you could see what I see!" Later, her mother arrived from the forest and used the stick to beat her own daughter until the girl was dead.

The Singing Flower

The story of the singing flower began many generations ago when a married couple was blessed with a wonderful son. A few years later, they had another son. They were hardworking people and tried to raise their sons with the same values.

Many happy years were spent together and they continued to be a loving family until trouble invaded their lives. The older brother grew furious, often scowling in anger. He was jealous of his younger brother and accused his parents of caring more for the younger brother than for him. Their household was never the same. The problem grew out of control and the two brothers argued and fought continuously.

Every year, the father took his sons to the mountains to gather and chop wood for the winter. He collected enough for their family and also sold some to the neighbors. While the father chopped the wood, the young boys would play, hide, and cut long stems, which they used as whistles. They enjoyed knowing how far away they could be from each other and still hear the whistles. They called their game *Pitame*.

This particular summer, things were at the worst point. When they arrived at the wood-cutting site, the father told his sons to meet him at the base of the mountain before sundown. In a few hours, the older brother started a fight with the younger one. His fury reached such heights that he killed his younger brother. When he realized what he had done, he decided to bury the boy and not tell anyone what had really happened.

At sundown, the older brother met his father and told him that the younger brother had taken off. The older brother went on to say that no work had been done because he had spent all day looking for him. His father was quite distraught.

For many weeks, people helped look for the young boy. Finally, the search was called off, without success. Autumn turned to winter, followed by spring, and finally back to summer. It was time to go for more wood. The older brother gave many excuses for not going, but the father became angry and forced him to go. They had been there a short while when the older brother began to hear his younger brother's voice, as if singing. The older brother panicked! He didn't want his father to hear. He pretended to sing, yell, and cough, begging his father to call it a day and return home. The singing continued to get louder and the words were now very clear. The father took a few steps and stopped to listen. The voice was singing:

> Whistle at me, my dear brother,
> Whistle at me with great pain,
> It was in the mountain that you killed me,
> Now I am a flower's thorn!

The father fell to his knees and wept. He commanded

his older son to go get his mother and let the people know what had happened.

When everybody arrived, they saw a beautiful bush with only one large white flower speckled with deep red. It was surrounded by thorns. The young boy's body was found beneath it and taken home for proper burial. The beautiful bush was transplanted to the new grave. The parents couldn't understand the older son's horrible deed. They advised him to leave, never to return, since he would be forever cursed. Sadly, the older son left and was never heard from again.

The Daughter-in-Law

Our neighbor always used to tell us the story of *La Nuera* (The Daughter-in-Law). Looking back, I realize that she was trying to ensure that we would never be like Dolores, the selfish daughter-in-law of her story.

A young woman named Dolores met a young man by the name of Manuel. He was very kind and was a hard worker. His mother had died when he was sixteen years old. He remained living with his father. They owned many acres of land and cared for large herds of cattle and sheep.

It was during the *Fiestas de San Felipe* when Manuel met Dolores. After a few months of occasional dating in the presence of elders, Manuel informed his father of his plans to marry Dolores.

Both Manuel and his father went to ask the future bride's parents for her hand in marriage. It was a tradition for the bride's parents to wait eight days before giving their reply. If they denied the request, they would send a messenger with the letter of denial, referred to by the people of the area as *dar calabazas.*

The request, however, was not denied. Manuel's father was so happy. As a wedding gift, he deeded all his land, farm animals, and house to his son and future bride, and they were to provide him with a place to live. In those days, it was common for a family to provide one room so that a widowed parent could remain living with them.

Everything was fine while Manuel's father was still able to work on the farm. When his health started to fail, it became a different story. Within a year, Dolores gave birth to a beautiful son. Soon after, she began to complain about all the problems and extra work Manuel's father caused. He couldn't even ask for a cup of coffee without stirring her wrath. If Manuel wasn't home, she refused to feed his father. Dolores was bossy and dominated both men. The only reason she agreed to let her father-in-law stay was because he was available to take care of her son. Manuel's father and his grandson became very attached to one another.

Before long, the old man fell sick. His grandson became his devoted caretaker. The old man spent days without leaving his room. Soon, Dolores announced that she needed the room used by Manuel's father. She wanted her husband to clean out the *dispensa* (shed) so the old man could live there. Manuel tried to protest but one yell from Dolores would keep him quietly shaking his head. In fact, it was only because of the young grandson that the old man was allowed to stay and live with the family. The old man did lose his room, though. His rollaway bed was placed in the entrance of the kitchen.

One morning, the grandson woke up and found the grandfather crying because he was so cold. The grandson went to his parents' bedroom and removed all three of their blankets. In return, he left the thin blanket his grandfather had been provided. He then covered his grandfather with the three blankets taken from his parents.

Unfair situations continued to arise in the house that made the grandson very unhappy. One night, Manuel and Dolores heard noises coming from the old shed. They went to investigate and found their son busily preparing a cot with some old, tattered blankets, as well as setting a broken-down table with some cracked wooden bowls. Puzzled, Manuel and Dolores questioned the young boy about his actions. Without batting an eye, the young boy stated that he was making preparations for the time when his parents would reach old age and need taking care of.

Both Dolores and Manuel broke out in cold sweats. A common Spanish saying went through their minds—*joven eres y viejo seras* (young are you and old will you become). They began to cry and immediately went to the old man. They begged his forgiveness and vowed never to repeat their cruel treatment.

They had ten wonderful years together, and much kindness and respect was shown to the old man, who lived to be ninety years old. Dolores and her husband Manuel had regrets but were eternally grateful to their young son, who demonstrated such wise behavior.

The Beggar

Many years ago, there was a poor man and his wife who
lived far away from town. Their only neighbor was a mean,
selfish, and grouchy man. One evening, a beggar walking
down the road stopped at the mean and selfish man's house.
The beggar knocked and asked for a drink of water and something to eat. The horrid man swore at the beggar and
chased him away. The beggar immediately took off and continued walking. Shortly, he arrived at the house where the
poor but kind man lived with his wife. They were known by
the name of Lopez. The beggar knocked. When the kind old
man opened the door, he did not hesitate to invite the
beggar in. They were so happy to have a visitor. The beggar
informed them that he was very hungry. The old lady hurried
to set the table. All they had to offer were three small pieces
of hard tortilla and some water. The beggar ate the first
piece of tortilla in one bite, so the old man gave him his
share, and so did the kind lady. The beggar had now eaten
enough. They asked the beggar to stay for the night but he
felt it was best to be on his way.

Before the beggar left, he advised the couple to walk toward a small cave located in the area. "Inside," he told them, "you will find a round, flat rock. Move the rock and dig underneath. Because you have been so kind to me, you will find a reward." The beggar left. The kind man and his wife decided it was late and they would go to the cave in the morning. They did not know that the mean and selfish man had been listening to everything that was said. He took off running and didn't stop until he reached the cave. He began to dig and dig. Finally, he discovered a large glass jar. He took off the lid and thrust his hand inside. All of a sudden, hundreds of horrible insects crawled out and stung him. The jar was full of bees, tarantulas, and scorpions. Soon his body was covered with hives. The mean and selfish man was yelling, crying, and jumping up and down. He hurried to place the lid back on the jar. He was so angry that all he could do was swear. He ran back to the house where the kind old man and his wife lived. He climbed on top of the roof and yelled down the chimney at the top of his voice, "I dug out the gift that was left for you! Here it is! You stupid old fools! Here is your treasure! This is what you get for feeding a beggar!" He took off the lid, turned the jar upside down, and began to shake it. Down the chimney went all the horrible insects, creating a big pile at the bottom of the fireplace. Suddenly, they stopped moving and began to sparkle. The insects had turned to diamonds, rubies, sapphires, and other precious gems! The mean and selfish man ran off laughing to himself. Little did he know that the joke was on him. As for the old man and his wife, they just looked at each other and smiled. They would never be poor again!

The Frog

Once there was a man known as *el sapo* (the frog). He was the town simpleton. *El sapo* was a hard worker when he was not drinking, yet it was well known that he often beat and mistreated his wife. The owner of the funeral home hired him to do odd jobs. He was very proud of his job and spent most of his time bragging, often lying about his duties. He told his friends that he was the official embalmer and that soon he would be manager. He went on to say that he stayed in the funeral home all by himself, with no fear or apprehension.

One night, his so-called drinking buddies obtained permission from the owner of the funeral home to play a trick on *el sapo*. They wanted to test his courage. They were tired of his bragging! As usual, *el sapo* went out drinking at the local bar on Saturday night. His buddies waited outside until just before closing time. Sure enough, *el sapo* drank so much that he even fell off the bar stool and passed out. Instead of taking him home, his friends took him to the funeral home.

They redressed him in a new white shirt and a dark-blue necktie. They left him in his undershorts and placed him inside a coffin. They turned on some music and left it playing softly. Finally, they lit some candles and pulled down the curtains. After these careful preparations, his friends left him alone in a drunken stupor.

In the morning, the owner of the funeral home woke up early to work on a eulogy that he had to deliver at his grandfather's funeral that same day. He didn't have much public speaking experience so he decided to practice out loud in the funeral parlor.

Soon after, *el sapo* awoke. He could not figure out where he was or what had happened. He felt as though he was half-awake and half-dreaming. His head was pounding and he felt weak and sick to his stomach. The room was spinning. He was still lying flat on his back. He moved his eyes to the right, then to the left, and finally straight up to the ceiling. His brain was not cooperating. It kept sending the wrong messages. All of a sudden, *el sapo* realized that he was in a coffin! He thought he had died. He couldn't understand why he was still able to move his eyes, arms, and legs. Just then, he heard a loud voice. "Lazarus! Lazarus! Come forward!" It was actually the owner of the funeral home practicing his speech. *El sapo* became hysterical and lost all self-control. He tried to get out of the coffin and all of a sudden, it turned over! He was now on the floor. He got up and ran from the funeral home as fast as his legs would carry him. The funeral home was very close to the town plaza where people were walking and sitting in their cars. *El sapo* didn't know, or care, that he was in his underwear. At the top of his lungs, he yelled, "Hallelujah! Hallelujah! Praise the Lord! I was dead but I have risen!" Most people didn't know what was happening, but they thought it was just plain funny. His friends and the owner of the funeral home were rolling on the ground with laughter. His so-called friends never had the heart to tell him the truth as to what really happened that night. He changed his ways and never took another drink again. He became a good husband and a good father to his children. For once in his life, *el sapo* was happy to be alive. His friends, on the other hand, lost a good drinking buddy!

The Beautiful Dark-Skinned Lady

    Many centuries ago, there lived a strong and handsome Spaniard. He seemed to possess qualities that would enable him to become an ideal leader of his time. His name was Miguel. His family had emigrated from Spain and had successfully established themselves in Mexico City. Miguel not only enjoyed the family's political power but also their great wealth.

    Just before he became a general in the Mexican army, he married a beautiful and charming Mayan Indian lady. The people called her *la morena linda* (the beautiful dark-skinned lady). *La morena* and her husband were very much in love. She scarcely believed that life could be so perfect. She felt at peace as long as they lived a quiet life. Old childhood troubles faded to a vague memory in her newfound happiness. Life was like a candle. It provided the light and security, with a touch of warmth, needed to make their love grow.

    Soon thereafter, Miguel became president of Mexico and life began moving at a faster pace. There was too much work to do and not enough time. The heavy schedule involved entertaining the so-called rich and famous. The Mexican ladies attending these *fiestas* (parties) represented extreme wealth. They often made *la morena* feel inferior in their company. They were constantly trying to outdo one another with their stylish clothing and jewelry.

La morena believed in simplicity. She knew many Indian languages but was not fluent in Spanish, especially when everyone spoke it so quickly. At these functions, the ladies flocked around Miguel but had the tendency to ignore *la morena*. They believed that Miguel needed a beautiful Spanish woman by his side.

There was one beautiful woman in particular, named Maria Elena del Rio. Her family had arrived in Mexico only a few years before. She had golden hair like the sun, eyes like deep blue water, and her skin was very fair.

It was not long before *la morena* saw Miguel and Maria Elena talking, laughing, and holding hands. It seemed so natural—they both came from the same country with common cultural interests. They would talk endlessly and never seemed to be finished. *La morena* began to keep to herself—her heart ached and her body felt cold and clammy.

La morena grew so unhappy that she decided to leave the palace. She felt it was best to step aside. She could not bear to see another woman take her husband away. She fled to a place she knew as a child. It was surrounded by mountains, green pastures, and a beautiful lake. Her mother had drowned in this lake many years before. Even though, she always found peace, reassurance, and love in this natural paradise. It seemed to protect her in the same way her dead mother and Miguel once had.

La morena knelt to pray and told her troubles to her dear mother. "Mother," she cried, "why can't I look like the golden goddess who is stealing my love?" The sky, although clear, filled with thunder and bolts of lightning. Before her eyes, her mother appeared over the waters of the lake.

"Morena, is it me you call? Is it me you seek? Cry. Don't be ashamed to confess. Cry. No one will see us. Look at me. I am an impossible fantasy of mist and light. I am without body and I too am crying."

La morena was so happy to see her mother that she moved closer to the vision. All of a sudden, she found herself in deep water, gasping for air. In her confused and desperate state, she pulled herself out and began to walk without a sense of direction. She was so exhausted and yearned for instant sleep to forget her troubles.

The next day, she awoke, to her surprise, in a cave. Her mind was still foggy and for a few moments she believed her experience of the previous day had been a dream. *La morena* looked around and saw a colorful *fiesta* dress with a shawl, more elegant than those she had seen the fashionable ladies wear.

One evening, not long after her vision, Miguel came looking for *la morena*. She stood beneath the moonlight and stars in her new dress, looking more beautiful than ever. "Miguel, my love!" she called out to him. Miguel walked toward her and both stretched out their arms until their hands touched. He knew, more than ever, how much he loved her. He would never let anyone come between them again.

Miguel could not understand why *la morena* had left him. She explained that she liked this peaceful place where she could talk things over with her mother. "I prayed that my mother would help me obtain fair skin, eyes like deep blue waters, and golden hair like the sun. I wanted to dress and look like the Spanish lady who pierced your heart, while it was my heart that bled. I thought that if I wasn't dark-skinned, you would love me forever." Miguel could not believe *la morena*'s pain. He had fallen in love with her kindness, not her skin color. He took her in his arms, held her, and kissed her tenderly.

Together they returned to the palace. Each day Miguel sent her flowers to remind *la morena* of her great beauty.

Don Samuel

In 1928, a man by the name of Don Samuel married a woman by the name of Isabel. They had six children. Don Samuel was a migrant worker in Colorado. A migrant worker is someone who travels to different places doing seasonal work, such as picking vegetables and tending sheep.

One night while the family slept, a fire broke out. Doña Isabel was able to rescue all of the children, but she made the mistake of going back in the house to try and save several boxes of clothing. Doña Isabel went in the house but never came out. She died in the blaze. It was a tragedy not easily forgotten.

Don Samuel returned from Colorado and started to work in the coal mines. He tried to be both a father and a mother to the children. They would kneel and pray together every night, never forgetting to include Isabel in their prayers.

One evening as Don Samuel was coming home from work, he decided to sit under a porch until the rain stopped. He had many financial worries and wondered how he would be able to provide for the children and keep them together.

He was under a lot of pressure and the tears began to flow. All of a sudden, Don Samuel heard someone singing. It was a woman dressed in black. She was heading straight for him! Don Samuel lit his smoking pipe, coughed, and pretended not to see her. At his age, he felt prone to strange imaginings. After awhile, Don Samuel felt disturbed because the imagined apparition remained fixed in sight. To alleviate his anxiety, he started muttering about the terrible lightning and thunder that had come up suddenly. Yet in spite of attempts to divert his attention from the horrible apparition, it remained before him.

After what seemed an eternity, the woman in black spoke to Don Samuel in a soft and haunting voice. "I know all there is to know about you and your family. I am not an ordinary old woman. I have chosen to help you with my magical powers. Time is running out for me and you must listen!" Don Samuel was scared and felt his heart beating. His mouth was dry, he was shaking, and his tongue was tied. He wondered why he had been chosen by this strange apparition. The woman sensed his fright and said, "Do not fear me! I know all that you have experienced throughout your life and, because of the goodness in your heart, I am here to bestow on you my magical powers. If you, Don Samuel, administer them wisely, your family will never suffer again, but if you use them in a destructive manner, your lives will end in tragedy! When you feel you want your life to change, repeat these words: Poor I was but nevermore."

With time, things continued to get worse. Don Samuel, in complete frustration, decided to follow the woman's instructions and repeated the words she had taught him. He placed his hands in his pocket and, to his great surprise, found a large amount of money. He was flabbergasted! He was able to buy groceries, clothes, pots and pans, and still there was money left!

Don Samuel found himself sitting in the middle of a room, surrounded by money. His imagination ran wild. Within a week, he was no longer a coal miner living in impoverished conditions. He said goodbye to his past and welcomed a life of wealth with open arms.

The family moved far away, where no one knew them. Don Samuel and his children pretended that they had always lived a life of wealth and privilege. Their new life became an obsession. The more they had, the more they wanted! Anything that reminded them of being poor was completely rejected. They lost touch with reality and began to think that everybody was out to get them. Within a few years, the whole family was considered strange and few dared to approach them. Don Samuel had forgotten the lady in black's warning not to let greed and vanity replace their good and kind ways.

Three months later, a huge explosion occurred in the outskirts of the city. It destroyed the fifteen-room mansion of Don Samuel and his children. The lives of the entire family came to an end on the anniversary of Isabel's death.

The night after the burial services, an old lady dressed in black was seen crossing the cemetery where Don Samuel and his children were buried. As she passed the tombstone, the bright moonlight reflected the words carved on Don Samuel's tombstone: "Poor I was but nevermore." The lady dressed in black slowly shook her head and vanished into the darkness.

The Wake

The Hispanic tradition of *el velorio*, also referred to as a wake or vigil, has been present since the time when people still traveled by horse and buggy. In those days, when a person in the community died, all the neighbors offered not only their condolences but their services as well. The night before the burial was to take place, all the townspeople gathered at the home of the deceased for the wake. The corpse was usually placed in the living room or in a bedroom. Many of the close friends, relatives, and other mourners would stay up all night with the corpse. People sang prayers and *alabados* (religious hymns). Candles and kerosene lamps were lit on occasion, and the smell of burning piñon wood was always present. It was quite an experience being allowed to stay up all night listening to the grownups talk, pray, and sing. It is from this experience that I relate the following story, which I still remember vividly.

At the crack of dawn, a very good woman died. Her name was Simona. Her husband had died many years before. They had only one son, but he was more than enough. He gave his mother nothing but trouble. His name was Pedro. He never worked—all he did was drink and get into fights.

Simona was always begging her son to change his ways but he would only laugh and take off again. He was very disrespectful.

On the day his mother died, Pedro felt guilty for many things but especially for not asking her forgiveness. A few weeks after she had been buried, her son was still drinking, though not as much.

In the same area there also lived an old woman. One night, her son had gone into town. It was almost three o'clock in the morning and her son had not returned. This lady was very worried that something had happened to him. She could no longer tolerate waiting inside the house and decided to stand in the dirt road outside. She covered her entire body and most of her face with a long black shawl. It was a very dark night except for the light of the moon. There, the old lady waited patiently.

By this time, Pedro was coming home on his horse, trying to carry on a tune. He was a little tipsy but not drunk. The old lady knew that this was not her son. However, she decided to approach him anyway. Maybe he could provide her with some information about her son. The old lady in black appeared before him and began to cry. "Have you seen my son? I am so worried. I have been waiting for him to come home." She came closer to Pedro. The young man was stunned. He cried out "Mother!" and started begging her forgiveness. The next thing the lady knew, Pedro had fallen off his horse. The lady got scared and took off running. She went to seek the help of some neighbors. When they arrived, to everybody's surprise, they found Pedro dead.

It was generally believed that Pedro had died of extreme fright, which caused his heart to stop! He had died of a heart attack! Young Pedro had believed that this old woman by the road was his dead mother. He was convinced that her spirit had come back to haunt him because of his evil ways!

The Baker

When I was growing up, some women still used outdoor ovens, called *hornos*, for baking. An *horno* is made of mud, straw, and water. A friend of mine tried to discourage me from building one for my bakery business with the following story.

Once there was a lady who was a very good baker. Word spread and people from miles around came to buy her delicious bread. She was kind to her customers and her business was doing well. Unfortunately, the oven in her wood stove was too small and she couldn't bake as fast as she wanted. One night, she explained the situation to her kind husband. "If only I had an *horno* I could do my baking faster and make more money in the process." Her husband was always eager to help. The next day, he went to work. He mixed dirt, water, and straw along with other secret ingredients. With this mixture, he made adobe bricks and put them out to dry. Everyone heard about the *horno*. A few people came to see the man work. Everyone had advice on where the *horno* should be built. They all yelled, "Place the mouth of the *horno* here—no there—higher—lower—wider!" Poor man! Each time he had to tear it down and rebuild it. His wife insisted that they try and please everybody. She was afraid of losing sales from the bread! The harder they tried, the worse it got. By this time, people were arriving in large numbers to give them advice. Wagons were lined up for miles. There were too many people and everybody was arguing, fighting, and swearing. No one could agree on anything, especially which direction the *horno* should point.

Finally, the old man and the old lady got an idea. They went to work. The old man found a long, tall pine tree. He cut the tree down so that only the stump was left. On the stump, he carefully placed a wagon wheel in such a way that it could rotate. He built a platform on the wheel, and on it he built his *horno.* Now he could please everyone.

When someone came with directional advice, the old man would simply rotate the *horno* until his or her request was honored.

The foolish people headed home; the old man and his wife had taught them a lesson they would not soon forget. The man and his wife thanked God. With some ingenuity, they had been able to please all the people. Now everybody was happy and they would continue to buy bread!

Cuentos de
mi juventud

Prologo

Las representaciones en vivo de Paulette Atencio son actuaciones vívidas, llenas de movimiento, risa y vibrante expresión. Sus auditorios, sean estos de alumnos de escuela, madres jóvenes, maestros, hombres y mujeres de negocios o personas mayores de edad, experimentan alegría, tristeza, anticipación, asombro, sorpresa o deleite con estas actuaciones tan emocionantes.

A la luz del hogar en su casa en Peñasco, Nuevo México, Paulette aprendió un gran repertorio de cuentos primero, sentada en el regazo de su madre, y más tarde a sus pies. La señora Durán, a su vez, los aprendió de su madrina. Aquellos días, cuando no había ni cine ni televisión, la narración de cuentos era no sólo una forma de entretenimiento sino también un medio para moldear los valores y la actitud en el ánimo de los niños y de la juventud. Muchos de los cuentos son variantes locales de cuentos antiquísimos que se cuentan por todo el mundo. La leyenda de *La llorona*, por ejemplo, goza de variantes análogas desde Irlanda y Alemania hasta las islas de Hawaii, en verdad, en cada región del mundo.

Para Paulette, que ha compartido estos cuentos durante muchos años con sus oyentes en reuniones de las comunidades, escuelas y conferencias por todo Nuevo México, la narración de cuentos es un medio importantísimo para retener la invaluable herencia cultural de generaciones de la presencia hispánica en el sudoeste americano. Sus cuentos no sólo ayudan a preservar el lenguaje único del norte de Nuevo México sino también sirven para equilibrar los anales históricos de esta región.

Los cuentos aparecen en esta pequeña antología en inglés y en el español regional de estas partes, que resulta ser el lenguaje de los cuentos originales narrados por Paulette, por su madre y por la madrina de ésta.

La colección, *Cuentos de mi juventud*, asegura efectivamente la preservación de este tesoro de cuentos para las generaciones aún no nacidas y para aquellos desafortunados que no han tenido la suerte de tener en casa un cuentista de la categoría de Paulette Atencio.

Mary Montaño
Hispanic Culture Foundation
Albuquerque, New Mexico

Introducción

Desde que era niña, en Peñasco, Nuevo México, siempre me ha encantado la narración de cuentos, particularmente en vista de mis experiencias inolvidables cuando escuchaba los cuentos que contaba mi madre. Los otros niños y yo nos rodeábamos a sus pies y, a la luz que se desprendía del hogar, escuchábamos con gran atención toda clase de cuentos: cuentos de humor, de hadas, humorísticos, trágicos y románticos, etc. Por medio de sus cuentos, mi madre nos llevaba a tierras lejanas y a países maravillosos donde había gentes que sufrían, que lloraban; gentes que reían y que jugaban con alegría. Algunas de estas gentes, de estos personajes de los cuentos, eran listos, otros se encontraban en situaciones horripilantes que les cambiaban la vida para siempre.

Debido a que nosotros no viajábamos mucho, nuestras experiencias con respecto a viajes eran muy limitadas. Por consiguiente, teníamos que valernos de la imaginación al máximo grado. Mis aventuras por tierras de la fantasía eran tan vívidas y emocionantes que por siempre jamás se me han quedado grabadas en la memoria.

Pasaron los años y la idea de seguir una profesión de cuentista era lo más remoto que se me ocurría. Mis primeras experiencias relacionadas con la narración de cuentos ocurrieron cuando yo compartía los cuentos de mi niñez con mis propios hijos y más tarde con niños a quienes cuidaba. Cuando ya mis hijos fueron a la escuela, yo me ofrecí de voluntaria en la escuela. Daba clases sobre la alimentación y especialmente sobre la pastelería. Pasadas las instrucciones prácticas, yo me ponía a contar algunos cuentecitos a los alumnos. Pronto me di cuenta que mis cuentos eran tan importantes como las actividades que tenía planeadas para el día escolar.

En nuestros días, la narración de cuentos está en desuso en muchos lugares. Ya no es una ceremonia ritual como lo era antes. El corazón me dice que a la generación de nuestros días, a nuestros niños, les falta una parte íntegra y vital de su herencia. Por esto decidí continuar mis servicios voluntarios de narradora de cuentos en las escuelas. Algunos de los cuentos de mi colección carecían de episodios importantes y permanecieron incompletos por largo tiempo. Por ejemplo, al cuento de *La flor que canta* le faltaba el verso que canta la flor, "Pítame, mi gran hermano," etc. Mi madre no lo recordaba. Unos veinte años más tarde, cuando yo trabajaba en una casa para convalecientes, una viejecita me cantó el verso y por fin, completé ese cuento. En el cuento de *La morena linda*, me faltaba el mensaje que la madre difunta deja para su hija. Unos treinta años más tarde, escuchando un cassette de poesía española, encontré la estrofa perdida en uno de los poemas de Gustavo Adolfo Bécquer. Al instante me di cuenta que otro de mis cuentos quedaba completo. Sólo la persona que ama verdaderamente la narración de cuentos comprende la satisfacción que recibe el coleccionista al completar uno de sus cuentos que había quedado inconcluso por largo tiempo.

El don de poder cautivar la atención de una concurrencia con sólo la voz, ha sido para mí una gran satisfacción personal. Yo estimo que la narración de cuentos es un medio importantísimo para perpetuar las preciosas tradiciones del pasado.

Esta pequeña antología me permite compartir mis cuentos con gentes infinitamente bondadosas no sólo en Estados Unidos, sino también en el extranjero. Cada uno de estos cuentos tiene su propio nicho dentro de mi corazón. Todos ellos me hacen volver a los días de mi niñez y de mi juventud, días que se lleva el viento para siempre.

Dios los bendiga y permítanme darles un millón de gracias por acompañarme a las tierras de la fantasía y de la imaginación.

Paulette Atencio
Chama, New Mexico

La Llorona

La leyenda de la llorona (la mujer que llora) tiene varios orígenes. El que creo que es el más auténtico es el que tiene que ver con la historia de Marina, la Malinche, la fiel compañera de Hernán Cortés. Se dice que ella murió de pesar. Es de este fin tan triste que comenzó la leyenda de la llorona. Esta leyenda se ha divulgado por el mundo entero y ha cambiado al través de los siglos. Con el tiempo llegó a contarse en Nuevo México de la siguiente manera.

Este cuento tuvo lugar en la villa de Santa Fe allá por el año de mil ochocientos. En ese año entró en el mundo una criaturita muy linda. Para sus padres, la recién nacida era todo un tesoro. Estaban contentísimos con ella. Cuando se llegó el tiempo de bautizar a la pequeña, la llevaron a la iglesia y le pusieron por nombre María.

Los padres de María eran muy ricos. Vivían en una casa grande de dos pisos y tenía muchos cuartos. El cuarto más grande y más soleado lo arreglaron sus padres especialmente para su hija María. Allí la niña tenía de todo. Su ropero, por ejemplo, ya no cabía de ropa de lo más fino. Su cama, una de esas camas altas de pabellón era propia de una princesa. Durante el día, la niña la usaba para exhibir su rara colección de exóticas muñecas de varios países. En una alacena cerca de su cama se veía una gran variedad de juguetes muy bien dispuestos y que parecían nuevecitos o que nadie había jugado con ellos. Todo esto nos habla de una niña muy mimada, una niña encaminada a volverse egoísta y arrogante.

Algunas de sus vecinitas iban a su casa de vez en cuando a ver si quería jugar con ellas pero ella les decía que no, que no quería asociarse con *hilachentas* roñosas.

Pasó una docena de años y María se transformó en toda una señorita de una belleza extraordinaria. Todo el mundo decía que era la muchacha mas linda de Santa Fe. María era morena. Tenía los ojos de un color que hacía recordar a uno del más bello de los zafiros. El pelo negro azabache le caía sobre los frágiles hombros y le llegaba hasta su pequeña cintura.

Las muchachas de la vecindad no querían a María por presuntuosa. Las más la aborrecían por orgullosa y egoísta. Para María, eso no tenía importancia. Ella sabía que los jóvenes sí que la querían, que la adoraban como a una diosa. Pero María los desdeñaba y no les hacía caso.

Una tarde de verano, María salió de paseo con su abuelita. A medida que caminaban, María le confió a la viejita que algún día quisiera casarse con el hombre más guapo y elegante de Santa Fe. La abuelita, a su vez, la aconsejó que pensara más en un hombre honrado y bueno para con ella y los niños que llegarían a tener. Sin faltarle al respeto a la viejita, María sólamente sonrió pero pensó para sí que la abuela ya chocheaba y que no estaba al corriente de los gustos y las aspiraciones de las jóvenes modernas.

Un día de tantos, llegó al pueblo un joven gallardo y muy bien parecido. Llamémosle Gregorio. A primera vista parecía ser exactamente el hombre con quien María había soñado ya por algunos años, el hombre de quien ella le había hablado a su abuelita. En realidad, Gregorio no era el hombre que le convenía a María.

María y Gregorio se conocieron de pura casualidad y desde el primer instante que se vieron, los dos sintieron el flechazo con que Cupido hiere a los enamorados. Se enamoraron de lo lindo y terminaron por casarse. Dicho sea al propósito que los padres de María nunca aprobaron completamente el matrimonio. Ya ellos habían descubierto de qué pie cojeaba el tal Gregorio.

La vida casada parecía sentarles muy bien a los recién casados. María se veía muy feliz y aún más bella que nunca. Gregorio estaba contentísimo y muy satisfecho con el cambio de soltero irresponsable al de hombre casado de responsabilidad.

Al año, la pareja tuvo una preciosa niña y al año siguiente un niño que era la imagen viva de su padre. Podemos decir con toda sinceridad que la suya era una familia muy feliz, una familia modelo. Pero como habían figurado los padres de María, Gregorio empezó a cansarse de la vida matrimonial. Después del nacimiento del niño, volvió a la vida desordenada de antes. Había veces que no dormía en su casa. Una noche llegó muy tarde. Se fue derecho a su cuarto, sacó una cuantas cosas personales y salió de la casa como un torbellino. María permaneció a la entrada de la casa petrificada, estupefacta. Le faltaba la voz con qué llorar y sus ojos no tenían lágrimas que derramar. Cerró la puerta muy despacio y sentía que estaba cerrando la puerta de su matrimonio con Gregorio.

Una noche de tempestad tocaban a la puerta de María. Era Gregorio. Venía acompañado de una mujer desconocida. Sólo se estuvo un momento para ver a los niños y darles a cada uno un pequeño regalo. Y fue cuánto. A la pobre de

María no le habló y ni siquiera le dirigió una mirada de soslayo. Gregorio y la desconocida se fueron y nunca se supo más de ellos. María echó a llorar y gritaba enloquecida. En un momento de ira y desesperación, cogió a los niños y se los llevó a un río que corría a una corta distancia de la casa. Entre sollozos y alaridos les decía a sus niños que ellos tenían la culpa de lo que había pasado entre ella y Gregorio. "Si no hubieran nacido ustedes, Gregorio no se habría ido con otra mujer y todavía estaríamos juntos él y yo." Seguía con sus gritos lastimeros. Muy enrabiada, cogió a los niños y los echó al río. Los inocentes pronto desaparecieron en la corriente. Casi en el mismo instante María recobró la razón y se dio cuenta de lo que había hecho. "¡Socorro, socorro!" gritaba con toda la fuerza de los pulmones. ¡Nadie la oía! Corría como loca al lado del río. Sus gritos se volvieron gemidos y sollozos. Seguía corriendo frenética. En esto, tropezó y cayó de cabeza sobre una piedra. Compadecida, la Muerte se la llevó.

Al día siguiente, muy de madrugada, los padres de la muerta hallaron su cuerpo. Angustiados y sollozando, cargaron con la difunta para prepararle el entierro. El cura del pueblo no permitió que la enterraran en el camposanto y sus padres la enterraron al lado del río donde había perecido junto con sus niños. La tragedia enterneció a todo el pueblo en general.

La noche del entierro de María los que vivían cerca del río empezaron a oír gritos lastimosos muy prolongados. Lo que oían, según ellos, era algo entre el aullido del animal atrapado en una trampa de hierro y el gemido incesante de la mujer que está dando a luz. No faltaban otros que afirmaban que los chillidos no eran otra cosa que el viento. Aún otros decían que era la voz de María que seguía buscando a sus niños ahogados, que ellos podían distinguir claramente las palabras, "¡A . . . y! . . . ¡a . . . y! . . . ¡a . . . y! ¿Dón . . . de

están . . . mis hi . . . jos?" De esa noche en adelante ya nadie
llamaba María a la mujer que llora, se referían a ella llamán-
dola "la llorona." Todas las madres aconsejaban a sus hijos
que no salieran de noche o que volvieran a casa antes que se
hiciera noche porque la llorona andaba en busca de sus hijos
y bien pudiera llevárselos a ellos.

Se cuenta de un muchacho que no quería hacer caso de
lo que le advertía su madre. Una noche desobedeció a su
madre y se fue con dirección al río donde se oía la llorona
con frecuencia. A medida que se acercaba al río, oyó llorar a
una mujer que llamaba a sus hijos. Pronto la vio venir con
los brazos extendidos. Se acercaba cada vez más. Al muchacho
le dio tanto miedo que se detuvo allí como petrificado. No
podía moverse por más esfuerzos que hacía. La llorona lo
cogió y se disponía a lanzarlo al río cuando sonó la campana
de la iglesia. La llorona lo soltó immediatamente y
desapareció. El pobre muchacho tenía la boca seca y el
corazón le latía como si se fuera a reventar. Temblaba como
si sufriera del baile de San Vito. Por fin logró moverse y salió
corriendo sin detenerse hasta que no llegó a su casa. Lloraba
y hablaba entre dientes pero al fin pudo decirle a su madre lo
que le había pasado cerca del río con la llorona. Al principio,
su madre no lo creía y se disponía a castigarlo por des-
obediente. Pero fue entonces que le vio la camisa hecha
trizas y ensangrentada. También vio donde algo o alguien lo
había rasguñado malamente.

Al día siguiente, la mujer sacó al muchacho por las
calles de Santa Fe para que la gente viera lo que había hecho
la llorona. Han pasado muchos años desde que se contó esta
historia. La gente sigue hablando de la llorona y siguen también las disputas. Unos dicen que lo de la llorona es pura
fantasía, otros afirman que la llorona existe, que se aparece
cuando uno menos lo piensa, aún otros, juran que a ellos se
les ha aparecido el espectro de la llorona. Pero, sea como sea,
es así como nacen las leyendas.

El Gato Negro

En un pueblito llamado El Nido, en el norte de Nuevo México, vivía una mujer llamada Márgara. Tenía la nariz muy fea y la cara y el cuerpo todo cubierto de mezquinos. Siempre se vestía de negro y con frecuencia se veía andar juntando yerbas en los caminos apartados de las lomas. La gente le tenía miedo y sospechaba que era bruja.

En el mismo pueblo, vivía un hombre llamado Lencho. Vivía con su esposa, Corina, y una hija llamada Sonia. Sonia era muy bonita y muchos de los jóvenes soñaban con casarse con ella.

Un día, Márgara descubrió muerto a su gato. Immediatamente acusó a mano Lencho de haberlo matado. Mano Lencho se ahuyentó de ella y la familia debía hacer lo mismo.

Al día siguiente, mana Márgara se puso a hacer pan y les llevó de regalo a mano Lencho y a su familia. Mano Lencho no se fiaba de ella y le echó el pan a su perro. Al día siguiente el animal amaneció muerto. Cuando mano Lencho la *confrontó* con la muerte del perro, mana Márgara le dijo que ella no había tenido nada que ver con la muerte del animal.

Unos días más tarde, cuando mano Lencho y la familia estaban cenando, oyeron un gran tumulto afuera de la *cabaderiza*. Era un *tecolote* que andaba asustando a la vaca de la familia. Al acercarse, encontraron que el *tecolote* le había sacado un ojo a la vaca. Mano Lencho sabía que había sido la bruja de mana Márgara. La amenazó con sacarle uno de sus propios ojos si no le curaba su vaca.

A los dos días, mano Lencho no veía su vaca por ningún lado, pero se fijó en que había sido reemplazada por otra vaca que se veía en el corral. Mano Lencho andaba ocupadísimo y echó en olvido lo de la bruja. Tenía la esperanza que ya no habría mas dificultades con ella. Mana Márgara, en cambio, quería vengarse.

No mucho después del incidente de la vaca, mana Márgara le dio unos dulces a la Sonia. Dentro de días, la bella Sonia resultó con un gran absceso en la cara. Aterrorizaría a quienquiera que se atreviera a poner los ojos sobre ella.

La madre de la Sonia lloraba sin cesar. Se sentía incapaz y su hija se veía arruinada para siempre. Mano Lencho le echaba la culpa a mana Márgara. El había visto ir a su casa otro gato negro que merodeaba alrededor de la casa. Muy enojado exclamaba, "Yo voy a probarles que es mana Márgara la que le ha hecho un maleficio a mi Sonia." El conocía algunas mañas de las brujas y los efectos de sus maleficios. Un día trazó un gran círculo en su *yarda* y se escondió detrás de unas zarzas. Junto de las zarzas, sobre un techo bastante alto, se veía un gato negro que estaba viendo para abajo. Dentro de unos momentos, el gato brincó del techo y accidentalmente fue a dar dentro del círculo. Inmediatamente el gato se asustó cuando descubrió que no podía salir del círculo. Mano Lencho sabía que dentro de algunos momentos el animal se volvería persona. El gato andaba al derredor del círculo sin poder salirse. Después de una hora de dar vueltas y más vueltas, el gato se volvió persona. ¡Era mana Márgara!

—¡Mira quién es!—gritaba mano Lencho. Estaba furioso y seguía gritando con toda la fuerza de sus pulmones.—¡Mira bien, vieja bruja. Me la vas a pagar!

—¡No me mates!—lloraba Márgara. Yo haré todo lo que me pidas.

—Devuélvele a mi hija su bella cara de antes o yo mismo te voy a quemar—replicó mano Lencho.

Mana Márgara sabía que mano Lencho hablaba en serio y convino en curarle la cara a la Sonia con sus yerbas.

Con el tiempo, la Sonia venció los efectos del maleficio. Mano Lencho nunca perdonó a mana Márgara, quien se fue del pueblo para nunca volver.

Cinco años más tarde, cuando mano Lencho estaba en su lecho de muerte, confesó haber mezclado algunas yerbas que tenía la bruja con la comida que la había matado. Alguna gente salió en busca del cuerpo de mana Márgara pero sólo halló su esqueleto en posición de estar sentada. Muy *apuradas*, la Sonia y su madre *empacaron* lo poco que tenían y se fueron de El Nido para nunca jamás volverse a ver en El Nido.

Bailó con un Bulto

Una noche que hacía mucho viento, mi padre y yo caminábamos con rumbo a Taos, Nuevo México. Vimos un individuo al lado del camino pero no nos detuvimos a darle un *aventón* porque no lo conocíamos. Mi padre dijo de broma que tal vez el individuo quería que lo lleváramos al baile. Me explicó lo del baile y dijo que eso le hacía recordar un cuento que había oído cuando trabajaba en Utah.

En una noche obscura y triste de sábado, un soldado que acababa de volver a su casa del servicio militar, iba manejando su viejo Chevy desgastado por un camino polvoriento. No había caminado largo rato cuando vio una joven que pedía un *aventón*. El soldado se detuvo y le preguntó para dónde iba. La joven dijo que iba a un baile. Sin sentir aprehensión alguna, el soldado decidió darle un *aventón* y siguió manejando.

Camino al pueblo se dijeron sus nombres pero hablaron muy poco. La muchacha se llamaba Crucita Delgado. Era muy hermosa. Cuando llegaron al baile, la gente tenía curiosidad de ver a la desconocida que llegaba con el bien conocido joven local. Ella tenía la cara pálida y llevaba ropa que hacía recordar los tiempos ya pasados. Su vestido victoriano era negro con florecitas de color rosa y azules. Tenía el cuello alto, decorado con encaje blanco y sujetado con un broche camafeo. Usaba el pelo apilado y coronado con una gruesa trenza. Gastaba medias negras de seda y zapatos altos de abrochadura a cordones. Las señoras se preguntaban si aquello sería un estilo viejo que volvía a estar de moda. Ya nadie se vestía así. El soldado pensaba que la joven iba vestida como su abuelita.

Los músicos empezaron a tocar y el soldado sacó a bailar a Crucita. Para ella la música era muy ruidosa y rápida y se le hacía muy difícil seguir los bailes que los otros ejecutaban en la pista de baile. El soldado la *jalaba* para acá y para allá, para todos lados. Ella no sabía si iba o venía. Se enredaba en sus propios pies. Unas cuantas vueltas rápidas y cayó al suelo. Los circunstantes trataban de contener la risa pero les fue imposible. Crucita era todo un espectáculo. Estaba muy avergonzada. Las lágrimas le corrían sobre las pálidas mejillas. El soldado la compadecía y trataba de tranquilizarla.

Después de un breve intermedio, la música comenzó de nuevo. Esta vez era música mexicana acompañada de acordeón, violín y guitarra. Crucita tenía ansias de bailar al compás de la música tradicional. Atrajo la atención a la pista de baile y se convirtió en la más bella mujer del baile. La primera pieza era una polca seguida de un *valse* y por último un chotis. Crucita y el soldado bailaban mientras los demás los contemplaban. Finalmente, la canción "Hogar, dulce hogar" puso fin al baile.

Afuera, el soldado cogió su saco trinchera y se lo puso a Crucita sobre los hombros. Porque quería volver a verla, él insistía en que la joven se lo llevara consigo a su casa y que él iría a recogerlo al día siguiente. Crucita quería que la llevara exactamente donde la había recogido. El soldado, con deseos de acompañarla hasta su casa, hizo de mala gana lo que ella le pedía.

Esa noche, el soldado se dio vueltas en la cama toda la noche. El corazón le latía con fiereza y sus pensamientos corrían en toda dirección. Finalmente se dio cuenta que no iba a estar en paz hasta que no volviera a ver a Crucita.

Por la mañana, fue en su *troca* hasta el *mero* sitio donde había apeado a Crucita. Luego se fue a pie por una vereda estrecha que conducía a una casa de adobe abandonada. Llamó a la puerta varias veces pero no contestaron. La viejita le preguntó qué hacía allí. El soldado contestó que quería hablar con Crucita. Al oír esto, la viejita se asustó y le vino un trasudor. "Váyase," le gritaba, "¿para qué quieres asustarme? Váyase, Crucita ya no está aquí." El soldado trataba de calmarla. "Por favor, señora, no me tenga miedo. Yo pasé el rato más feliz de mi vida anoche. Crucita no sólo es bella sino que puede bailar mejor que la mayor parte de las damas que yo he conocido."

La viejita quería conocer todos los detalles de la noche anterior. Cuando el soldado había terminado la narración de todos los acontecimientos, sentía dentro una fría sensación de desolación. La viejita quería mostrarle algo, él estaba desorientado pero la siguió obediente hasta el cementerio. Lo que presenció entonces fue su saco trinchera colgado sobre una lápida. Ahora sí estaba confuso y algo espantado. Recogió su saco trinchera y por poco se le salen los ojos de sus órbitas. En la lápida estaba incrito:

Crucita Delgado
Que su Alma Alcance la Paz Eterna

El soldado comenzó a sollozar. Cuando se serenó, se dio cuenta por primera vez que había bailado con un *bulto*.

Teresita

Antonio, un joven guapo y simpático, se veía lleno de vida y muy contento. ¡Qué más podía pedir! Se hallaba en la flor de la vida, en la flor de su juventud y a punto de principiar sus estudios como maestro de escuela. Además, y especialmente en lo que tocaba a su porvenir, estaba perdídamente enamorado de una chica, de Teresita. Ella era la joven con quien él soñaba, con quien el esperaba casarse algún día no muy lejano.

"¡Oh, decía, qué felices vamos a ser! Tendremos hijos. Tendremos nuestra casita blanca *contoy* su *cerco* de estacas y . . . se me había olvidado, tendremos nuestro ranchito con sus animales y todo!" Su pensamiento parecía tener alas.

Teresita era muy feliz y estaba muy contenta. También estaba enamorada de Antonio. Ella sentía que la vida no tenía ningún significado sin su Antonio.

Antonio visitaba a su novia con frecuencia. Iba a serenarla con una canción que él había compuesto para Teresita. Empero, pronto tenía que separarse de ella. Tenía que principiar sus estudios.

Una noche de luna llena, Antonio fue a despedirse de su

querida Teresita. Le estaba cantando su canción cuando de pronto se puso triste. Por algo inexplicable, sentía que una vez yéndose, no volvería ver a Teresita. Se empeñaba en asegurarle a ella (y a sí mismo) que sí volvería por ella. Juraron casarse al final del año escolar. La noche cerró. Abrazados, se besaban tiernamente y lloraban apesumbrados.

Unos cuantos días después de principiar las clases, Antonio conoció a una trigueñita en una de sus clases. Antonio era bondadoso de naturaleza y aceptó ayudar a la muchacha con su trabajo escolar. La chica se aprovechó de Antonio y le pedía ayuda muy seguido. Desgraciadamente, Antonio no se dio cuenta de los motivos verdaderos de la trigueñita. Saltaba a la vista que lo que quería era ganarse el corazón del joven. Antonio no le hizo caso en vista del amor que le tenía a Teresita. Era con ella que él quería pasar el resto de su vida. Pero la trigueñita no estaba dispuesta a aceptar la negativa y decidió que si Antonio no era para ella, tampoco lo sería para ninguna otra mujer.

Se sabía que esta muchacha practicaba brujería y se la consideraba una de las mejores en el negocio. Todos le tenían miedo.

Antonio regresó a su casa para el corto período de vacaciones de Pascua. Tanto Teresita como sus amigos notaban un cambio en el joven. Se enfermaba con frecuencia. Había veces que amanecía tullido y gateaba como un niño. Otras veces perdía la mente. Un día lo hallaron sentado en el techo de su casa y estaba hablando solo. En otra ocasión lo vieron en una loma tratando de bailar y cantaba canciones a Teresita. Las personas de la familia no podían creer que era el mismo Antonio de antes y no alcanzaban a explicarse lo que estaba pasando.

Teresita iba a cuidarlo pero empezó a darse cuenta que sus esperanzas y sus sueños de casarse con Antonio pronto iban desapareciendo. Una amiga suya la aconsejó que fuera a ver una curandera (una persona que se cree tener poderes sobrenaturales para combatir las fuerzas del mal), que tal vez ella pudiera resolver la situación. Teresita fue a ver a la curandera y ésta asintió ir a ver a Antonio.

Cuando llegó la curandera a casa de Antonio, varios perros negros que rodeaba la propiedad, no la dejaban bajar de su *carretela*. Un *tecolote* se veía posado en el *cerco* de la casa y hasta un gato se introdujo en la casa por la chimenea y atacó a Teresita. Cuando trataba de echarlo de la casa, la joven se tropezó y volcó un pequeño *jogón* de donde resultó una lumbre que empezó a quemar la casa. Muy apuradas, Teresita y la curandera pusieron un *crucifico* en el portal. Al momento los perros salieron corriendo y el *tecolote* desapareció del *cerco*. Teresita logró alcanzar al gato y lo arrojó en las llamas. Las dos mujeres sacaron a Antonio y lo llevaron a la casa de un vecino.

Por más de un año, toda clase de percances siguieron sucediéndole al pobre de Antonio. No obstante, Teresita y la curandera se empeñaron en ayudarlo. Por fin empezó a mejorarse y no tardó en restablecerse. Una vez más, Antonio y Teresita hicieron planes para casarse y realizar los sueños de una familia. La joven ya nunca se apartó de Antonio para asegurarse que lo que le había ocurrido no se repetiría.

La trigueñita se vio una vez en la vecindad. Tenía una quemadura en la cara y estaba coja. Se dice que en las noches obscuras y borrascosas, se ven en la vecindad algunos perros negros que aúllan en la oscuridad. Durante la noche, nadie o muy pocos son los que dejan sus puertas sin atrancarlas.

La Boda Negra

Este cuento me lo contaron con tanta sinceridad y tristeza que yo no pude menos que compadecer a los personajes trágicos. Se cree que este cuento lo comenzó un hombre que tenía por sobrenombre "el enterrador." Siempre que moría alguien, lo ocupaban a él para que abriera la tierra para el sevicio fúnebre.

Una vez había en un pueblo una pareja de baile. El joven se llamaba Luis Gonzales y su compañera, Cornelia Bravo. Luis y Cornelia tenían planes para casarse con una ceremonia tradicional, con *prendorio* y todo. El *prendorio* tenía lugar una semana antes del *casorio.* La comunidad los celebraba por unos cuantos días con una fiesta en que había baile y bastante que comer y beber en preparación para el gran acontecimiento.

La mañana antes del casorio, encontraron muerta a la novia. En aquellos días no había autopsias, de modo que nunca supieron de qué había muerto la joven. Fue algo muy terrible y espantoso para todos los vecinos en derredor. Estaban tan ocupados con los preparativos para el entierro de Cornelia, que no notaron cómo la muerte de su compañera de baile había afectado a Luis. No quería apartarse del lado de la difunta y la besaba sin cesar, suplicándole que no lo abandonara. Cuando llegó el día del entierro, le pusieron a la difunta su traje y velo de novia. Parecía toda una princesas dormida. Tenía una sonrisa como si estuviera soñando un delicioso sueño.

En los días que siguieron, Luis solía ir por las tardes a visitar la tumba de su amada. Le susurraba poemas de amor y de esperanza que un día muy pronto estarían juntos. La gente sabía de sus visitas al cementerio pero creían que era su manera de hacer frente a su dolor.

Una de tantas noches, Luis fue al cementerio, se abrió paso por entre la losa que indicaba el sepulcro de Cornelia y escarbó la tierra que cubría el *cajón* enterrado. Sacó a Cornelia, o lo que quedaba de ella, del sepulcro. La llevó a su casa y la subió al piso de arriba. La acostó en una cama enorme que estaba cubierta de satín color verde esmeralda con encaje color de marfil. En el cuarto se veían un sinnúmero de velas que flameaban y que daban al cuarto un aspecto de casa funeraria. Acostó el descarnado esqueleto en la cama y lo aseguró con listones. Luego, coronó la calavera vacía de Cornelia con una guirnalda de rosas. Cubrió de besos la boca seca del esqueleto y se sentó con la osamenta y celebró los votos de su casamiento con el cadáver. Después se quedó dormido con el tieso esqueleto en sus brazos.

Días después, los vecinos descubrieron a los amantes entrelazados en los brazos de cada uno. Nadie tenía la menor duda acerca de la suerte de Luis. Se había rendido a un corazón traspasado de dolor.

Desde entonces, la gente cuenta en voz baja los extraños acontecimientos que ocurren en la vieja sala de baile, donde Luis y Cornelia solían bailar. En las altas horas de la noche se oye música que parece salir de la sala. Se ven bultos que bailan dando vueltas al derredor la pista de baile. Aún hoy día, la mayor parte de la gente ya no se acerca a la vieja sala de baile que nunca más se volvió a usar después que Luis y Cornelia se fueron de este mundo.

José María

Durante la primavera de mil *nuevecientos* treinta, un hombre llamado José María regresaba a Nuevo México. Venía del Estado de Wyoming, donde trabajaba como pastor de borregas. No era nada extraño que el padre de familia saliera fuera del estado en busca de trabajo. Dejaba atrás a su esposa y a sus hijos para que ellos cuidaran la casa, el rancho, los animales y las eras. Venía al pueblo una vez al año a pasar una o dos semanas con su familia.

En esta ocasión, José María logró llegar a El Rincón, que quedaba a unas veinte millas de su pueblo. Llegó hasta El Rincón sin ningún contratiempo. Pero todavía le faltaba algo para llegar a su casa. Los medios de transporte en aquellos días eran muy dificultosos, especialmente en los lugares montañosos. El viajero tenía que depender de su carro de caballos o de su propio caballo, si quería echar por el atajo a través de las montañas. Si caminaba a pie, y tenía buena suerte, podía conseguir un *aventón* con alguien que tuviera *troca* o un *atomovil*.

Ya se hacía de noche y José María iba agotado de tanto caminar. Decidió pedirle posada a un compadre que vivía allí en El Rincón. Un vecino le informó que su compadre andaba fuera del pueblo con su familia pero que él le daría posada por aquella noche. José María aceptó la oferta del hombre con mucho gusto. Cenaron a gusto y con provecho. Después de la cena, empezaron a llegar muchos hombres a la casa. José María se sorprendió mucho con el gentío que estaba entrando. Conocía a muchos de los recién llegados. Algunos eran personas respetables del pueblo, a otros los sospechaban de ser brujos. José María se puso nervioso, especialmente cuando se anunció una junta de brujos. Estos se pusieron a tapar las ventanas con *cobijas* y prendieron velas por todo el cuarto. En la chimenea se veía una gran *lumbrada*. José María quería salir del cuarto pero ya era demasiado tarde. Antes de darse cuenta de lo que estaba pasando, dos hombres le cerraron el paso. Los brujos empezaron a discantar. En el centro del cuarto estaba una mesa muy grande que pronto empezó a temblar por sí sola. Luego, un viento fuerte empezó a soplar y las velas se apagaron, dejando el cuarto en tinieblas. Se puso muy frío. Se oía toda clase de ruidos. Afuera, los gatos andaban peleando y parecía que querían entrar la casa. Los brujos se reían a carcajadas con sus voces agudas y penetrantes.

De pronto, el cuarto se llenó de una nube de humo y todo el mundo guardó silencio. Cuando empezó a quitarse el humo, se paró en el centro del cuarto un hombre gordo y corto de estatura. Llevaba una barba muy larga y tenía las uñas muy *filudas*. A todos les dio mucho gusto verlo, pero José María estaba espantado. Le dio un escalofrío muy fuerte. La junta de brujos continuaba. Para algunos de los hombres, esta noche era muy especial. Estaban para recibir poderes especiales para practicar su brujería.

Para este tiempo José María había visto más de lo que quería ver. El sólo quería salir de aquel infierno. No quería tener nada que ver con aquellos feos brujos. Suplicaba a los brujos que lo dejaran irse. "Yo no soy como ustedes. Por favor, déjenme salir de aquí," les gritaba. Parecía que nadie lo oía. Estaban muy ocupados preparando bebidas y pociones para hacer sus maleficios. *Murre* apurado, José María se lanzó hacia la puerta. El líder de los brujos trató de detenerlo y se enredaron en una pelea de las buenas. José María rodó por el suelo. El brujo estaba tan fuerte que, cuando José María hizo por levantarse, el brujo lo tiró al otro lado del cuarto como nada. Aunque se defendía muy bien, todavía así le pusiera una buena *friega*. Los demás del grupo nomás miraban la pelea pero no se entremetían. José María y el brujo seguían peleando como perros. Sabían que *nomás* uno iba a salir con vida de allí. José María agarró un cuchillo muy *filudo* que estaba en la mesa y se lo iba a tirar al brujo en el *mero* corazón pero en ese mismo instante, el brujo se *trompezó* y se dio un golpe en la cabeza y cayó al suelo. Esto le dio a José María *chanza* de escaparse. Abrió la puerta y salió *volado*. Echó por una vereda a través de las montañas y caminó toda la noche. Al salir el sol a la mañana siguiente, por fin llegó a su casa. Se veía tan mal, que le dio un buen susto a su propia familia. Venía todo engrudado, rasguñado y ensangrentado y *traiba* la ropa toda hecha *garras*. Todavía temblaba del susto que había sufrido la noche antes. José María estaba tan agotado que tuvo que estarse en cama toda una semana.

El Prisionero

Una vez, en mil ochocientos, se celebraba una fiesta en una de las comunidades locales. Un joven llamado Roberto Díaz, estaba *alegando* con otro joven un poco mayor que él. Este joven se llamaba Nicolás Maez. El día después de la *alegata* descubrieron muerto a Nicolás. Dentro de pronto *se soltó la volada* que Roberto lo había matado. Detuvieron a Roberto. Se le acusaba de haber muerto a Nicolás. Roberto se declaró inocente pero nadie se lo creía. Los oficiales de la ley ansiosos de dar con el criminal, declararon culpable a Roberto, a pesar de no tener pruebas determinantes. ¡Roberto estaba perdido! Lo juzgaron, lo hallaron culpable de la muerte de Nicolás y lo sentenciaron a morir colgado. Se trataba de demostrar al pueblo las consecuencias de quitarle la vida a un ser humano.

Con grillos y cadenas llevaron a Roberto a un lugar cerca del cementerio donde lo iban a colgar. Caminaba despacio, acompañado de un sacerdote. Los oficiales de la ley, la familia de Roberto y la gente del pueblo cerraban la procesión. Todos caminaban en silencio. Desesperada, la madre de Roberto empezó a cantar un *alabado* (un himno de alabanza) y la gente pronto se unió a ella. El sacerdote le preguntó a Roberto si tenía alguna petición antes de morir y Roberto le dijo que sí, que quería ir al sepulcro de Nicolás. Le concedieron su última petición.

Cuando llegaron al sepulcro, el prisionero se acercó, se arrodilló y se puso a rezar. De repente comenzó la tierra a temblar y siguió el temblor por algunos minutos más. Era un terremoto. Todos estaban espantados, estupefactos. Pronto se abrió la tierra y expuso el cajón donde estaba enterrado Nicolás. Tenía la tapa abierta y tirada hacia un lado, de manera que se podía ver el cuerpo del joven difunto. La gente empezó a gritar. Algunos salieron corriendo histéricos, sólo Roberto permanecía tranquilo. Los pocos que quedaban al derredor de Roberto y el sacerdote tenían en la cara una mirada de terror. El cura hacía la señal de la cruz y contaba las cuentas de su rosario. Roberto se inclinó ante el sepulcro y preguntó al difunto, "Crees tú que yo haya sido el culpable de tu muerte?" Del sepulcro se oyó la voz que decía. "No, Roberto, no fuiste tú." ¡Y fue todo! El cuerpo recobró su puesto, la tapa del cajón volvió a su lugar, la tierra empezó a caer una vez más sobre el cajón del muerto y todo quedó como antes.

Después de lo que parecía una eternidad, la gente empezo a dar señas de estar viva y unos con otros es pusieron a hablar de lo que habían visto. Todos los que estuvieron allí ese día aprendieron algo acerca de los falsos testimonios. Atónitos, los oficiales de la ley le quitaron los grillos y las cadenas a Roberto. Este halló a su madre y, abrazados, lloraban de lo contentos que estaban. Roberto le tomó la mano a su madre y se fue de allí completamente libre.

Don Cuerno

La Semana Santa era una temporada que me encantaba, especialmente por las sorpresas que ofrecía. Para la mayor parte de las personas mayores era un período de rezos continuos, de penitencia y de ritos de la iglesia. Nosotros, como éramos niños, íbamos a la iglesia a participar en los servicios de Pascua y a rezar las *Estaciones.* Cada uno de nosotros hacía su pequeño sacrificio, dejando a un lado las cosas que nos gustaba hacer o comer: ir al *sho,* tocar música, mascar *chíquete,* comer dulces, etc. El Viernes Santo íbamos con la familia a la *morada,* una pequeña capilla donde tenían sus servicios particulares los hermanos penitentes, una cofradía religiosa de los hombres del pueblo. Allí asistíamos al rosario y a *Las tinieblas,* un rito durante el cual se apagan las velas y otras luces, dejando la morada en una obscuridad espantosa. Allí rezábamos por los vivos y los muertos. El sábado antes de Pascua, la pasábamos arreglando la casa y preparando la familia para el gran día (Domingo de Resurrección). Por la noche se nos iba el tiempo pintando los huevos típicos de Pascua y escuchando los cuentos que nos contaban los mayores. Una vez oí contar de una pareja que se disgustó con el cura del lugar porque no quiso casarlos durante la Semana Santa. Los jóvenes querían un *casorio* en la iglesia, un *casorio* con la marcha de los novios y un gran baile y todo. Pero el cura no lo permitió. Con muchas ansias de aprender, le pregunté a mi madre por qué no se permitía bailar durante la temporada de Pascua. Con una sonrisa, mi madre me lo explicó por medio de un cuento.

Hace muchos años en un pueblito, los vecinos vivían en perfecta armonía. Eran muy bondadosos unos con otros. Todos tenían buena crianza y sólidas creencias religiosas. La mayor parte de la gente era pobre. El trabajo honrado era lo que guiaba su vida. Un día, un anciano descubrió oro después de andar años y más años buscándolo. Este descubrimiento cambió el pueblito para siempre. Pronto se abrió una mina y hubo trabajo para muchos de los hombres. Empezaron a ganar buen dinero y realizaron algunos de sus sueños: pudieron comprar terrenos, casas, ropa, provisiones, etc. Los hombres de negocios pusieron tiendas y otros negocios. El pueblito empezó a prosperar y a crecer. Lo que más atraía a la gente era un bar o cantina *contoy* su sala de baile y todo. Allí se tocaba música de lo mejor y había meseras y cantineras jóvenes muy hermosas. Muy pronto, la gente ya no quería trabajar duro o dedicarse completamente al trabajo de casa. Ya muchos no querían sembrar, no querían ordeñar sus vacas y hacer quesos. No querían ni ir a misa. Las iglesias estaban casi vacías. Los hombres trabajaban en la mina de día y de noche en *puebles* (shifts) y trabajan no sólo toda la semana sino también los domingos. Toda la gente estaba obsesionada con el dinero, eso era lo que contaba. Los hombres empezaron a dedicarse al juego y a apostar en las carreras de caballos, etc. Las mujeres no se quedaban atrás. Figuraban que ya habían cuidado a los niños suficiente tiempo y se rebelaban. Ellas querían una existencia de mejor vida, en que pudieran bailar y beber y divertirse como nunca lo habían hecho.

Esta situación duró por algún tiempo. El dueño de la cantina y de la sala de baile se estaba haciendo muy rico. Se negaba a cerrar su bar y tenía baile durante la Semana Santa. Las mujeres se emborrachaban. Las parejas empezaban a divorciarse. Todo el mundo andaba con el chisme en los labios y el odio en el corazón. Los niños seguían el ejemplo de los padres de familia y no iban a la iglesia.

Una noche de Viernes Santo, se celebraba en la sala un gran baile. Se pudiera decir que toda la gente del pueblo se hallaba allí. Todos se divertían de lo lindo y bailaban sin cesar hasta que les dolían los pies, particularmente a las mujeres con sus zapatos tan estrechos. De pronto entró en la sala un desconocido alto, moreno y muy guapo. Traía locas a las mujeres. ¡Muchas de ellas lo sacaban a bailar a él! Esa noche nadie daba la impresión de ser casado (o casada). Muchos de los hombres se pusieron celosos del recién llegado. De repente, las luces empezaron a flamear. La gran puerta de la sala se cerró de golpe con un ruido muy extraño. En el mismo instante se oyó una carcajada aguda y penetrante. Luego, entró un golpe de viento tan fuerte que echó abajo *silletas* y bancos. Al mismo tiempo entraron en la sala un gran número de gatos negros. La gente corría aquí y allí aterrorizada. De pronto se vio allí, en el centro de la sala una gran abertura cavernosa, de donde salían unas llamaradas que casi llegaban al techo de la sala. Dentro del gran pozo, entre las llamas, se veía gente que gemía, que lloraba y que gritaba, queriéndose escapar de aquel infierno, pero el desconocido alto, moreno y muy guapo parecía flotar por sobre aquella escena y los *arrempujaba* con una horquilla muy *filuda*. Tenía los ojos muy colorados y los dientes agudos como los de un lobo que estaba para atacar. Le salía sangre por la boca amenazante. De pronto la cara y las manos se le cubrieron de un pelo negro y alambroso. Se le razgaron los calzones por detrás y le salió una cola muy larga y gruesa. Por último, le salieron los cuernos.

Se cuenta que desde aquella terrible experiencia, el pueblo ha observado la Semana Santa con el debido respeto y tranquilidad que corresponde. No se hace ni baile ni diversión alguna desde principios de la semana hasta el Domingo de Resurrección.

Semillas de Fe

Un cálida y soleada mañana de verano, un anciano llamado Angélico, salió afuera de su casa a respirar el aire puro de la montaña. Sacó su silla mecedora favorita y se sentó a sorber su taza de café y a admirar los extraordinarios alrededores, las ásperas colinas y el valle donde había nacido. El gorjeo de los pájaros y el ruido del río lo lanzó a un estado de ensueños. Su pensamiento lo transportó a los años cuando su bisabuelo, don Bernardo, se pasaba las noches contando cuentos a sus hijos y a sus amiguitos. Angélico recordó uno de sus cuentos favoritos que contaba don Bernardo, el cuento de las semillas de chile, o como él las llamaba, las semillas de fe.

Las eras de don Bernardo habían estado en malas condiciones ya por algunos años. Sintiéndose un tanto deprimido, don Bernardo decidió hacer una visita a la *morada*, o sea el lugar donde tenían sus juntas un grupo de hombres católicos del pueblo. En vista de que él era de ascendencia mexicana, casi todos sus rezos iban destinados al Santo Niño, o sea el Santo Niño de Atocha. Rezaba que cambiara su suerte y que se mejoraran sus eras.

Días más tarde, estando escardando sus matas, notó unas yerbas extrañas. Suponía que eran yerbas, pero despúes de cada *regada*, notó, junto a las plantas unas pequeñas huellas que parecían acabadas de hacer. Regresó a la *morada*, como muchas veces lo hacía, y *prendió* una vela. Se puso a cantar su favorito *alabado* (un himno religioso), y había empezado sus oraciones, cuando se fijó en que los zapatitos de la estatua del Santo Niño estaban cubiertos de *zoquete*, o barro. Don Bernardo figuró que las yerbas extrañas que había visto en sus eras, eran regalos del Santo Niño. Salió corriendo de la *morada* y no se detuvo hasta no llegar a sus eras. Cuando llegó, se desilusionó. Las yerbas se veían un tanto marchitas y ya no se podían ver las huellas. Se estuvo allí un buen rato mascando su tabaco y por fin concluyó que no era el fin, sino el comienzo de estas plantas extraordinarias.

Empezó a darles un cuidado muy especial a las supuestas yerbas y pronto echaron flor. Después de lo que parecía una eternidad, las plantas dieron su fruto. Don Bernardo figuró que era tiempo de cortar el fruto de la planta. Se llevó los tallos (los chiles) y los examinó cuidadosamente y con mucho interés. Cuando decidió probarlos, llevó la sopresa de su vida. Descubrió que estaban *quemosos*, muy picantes. Le ardía la boca y se bebió casi un galón de agua. Se vio obligado a comer un poco de azúcar.

Don Bernardo estaba acostumbrado a renegar, pero como estaba cerca el cura, sólo se atrevió a decir, "¡Chi! ¡chi! ¡chi!" Por fin dijo, "¡Chile!" que es cómo originó el nombre del fruto verde de la planta. Siempre creyó en su corazón que el Santo Niño lo había bendecido con este regalo por sus fervientes oraciones. Después de varios años de plantar las semillas de chile, don Bernardo llegó a ser un perito en el cultivo de esta planta maravillosa que vino a ser un ingrediente indispensable en la preparación de muchas comidas tradicionales.

Años más tarde, en su lecho de muerte, volvía a contar el cuento de las semillas de fe y cómo cultivarlas propiamente. Explicaba el procedimiento: guardar las semillas, plantarlas, hacer ristras de chile rojo. Terminaba contando los varios usos del chile en una variedad de platos típicos.

Don Bernardo no fue un buen agricultor. La única herencia que dejó a su familia, fue el descubrimiento de las semillas de chile. Murió y nunca supo que llegaría a ser toda una leyenda por todo el mundo. El significado religioso del chile y su rico sabor tal vez vivirá para siempre.

El Pobre Rico

Una vez, había una familia muy pobre. El esposo y la esposa habían pasado una vida tan dura, que los dos se veían más acabados de lo que en efecto lo eran. Los hijos se veían desnutridos. El esposo salía todos los días a buscar trabajo. Por la tarde volvía como había salido por la mañana, sin trabajo. Una noche, la esposa oyó rezar al esposo, "¡Oh, padre mío, que estás en los cielos! ¡Qué vamos a hacer? ¡No tenemos qué comer!" "Viejo," interrumpió la mujer, "¿por qué no le ruegas a *míster* Pacheco? Quizás te dé trabajo en su tienda." A la mañana siguiente, se comieron las últimas tortillas que quedaban. El pobre hombre rezaba y pedía ayuda. Cuando llegó a la plaza, se fue derecho a la tienda de *míster* Pacheco y le rogó como nunca, que le diera trabajo. Fue inútil. *Míster* Pacheco no estaba ocupando a nadie.

Otra vez, el pobre buscaba trabajo pero no encontraba nada. Volvió a su casa sintiéndose muy desilusionado. Le dijo a su esposa una vez más, "No sé qué vamos a hacer. Yo he hecho todo lo posible por hallar trabajo pero parece que Dios se halla demasiado lejos para oírme, o está muy cansado y no quiere ayudarme. Mañana voy a buscarlo y le

preguntaré por qué estamos tan atrasados. "No vayas," le
dijo su esposa, "tú sabes que Dios está en todas partes.
Háblale de aquí." El esposo salió sin hacer caso de las
sugerencias de su mujer.

Caminó a pie hasta que llegó a las colinas del Valle de
Santa Clara. El sol brillaba tanto que por alsunos segundos
lo deslumbró. Entonces vio lo que parecía ser un hombre. Se
acercó al hombre, que estaba cuidando unas borregas. El
hombre misterioso le preguntó, "¿Qué buscas?" El hombre
pobre le contestó, "Ando buscando a Dios. Necesito hablar
con El. Todo lo que quiero es preguntarle por qué estamos
nosotros tan atrasados. Yo tengo fe que cuando lo halle El
me ayudará a mí y a mi familia." El hombre misterioso lo vio
directamente a los ojos y de una voz muy tierna, le aseguró
que las cosas cambiarían. "Tus oraciones han llegado al
cielo. Ve y goza de tu buena fortuna por varios años."

El hombre pobre se veía confundido. Sintiéndose
avergonzado, le dio las gracias al hombre misterioso y
regresó despacio a su casa. No podía creer el comportamiento
de sus niños. Pero al llegar a su casa, encontró a su familia
en un estado más feliz. Uno de sus hijos había descubierto
unos sacos de oro y algunas joyas. Con esta recién encontrada
fortuna, su vida empezó a cambiar hacia mejores condiciones.
Durante los siguientes siete años, su familia llegó a ser la
familia más rica y mejor conocida del *pais*. El hombre
pobre era muy generoso y compartió su fortuna con otros.
Lo apodaron, "el pobre rico."

Al pasar los siete años, el hombre hizo otro viaje al
Valle de Santa Clara. Iba en busca del hombre misterioso. Lo
halló y le dio las gracias por su bondadosa generosidad.
Exclamó que él y su familia con gusto volverían a vivir
como antes. El hombre misterioso le contestó, "Tú eres, en
verdad una persona buena y justa. Nunca has dejado de
ayudar a los pobres. Yo seguiré ayudándote." El pobre rico

volvió a su casa. Todos los días se mostraba agradecido y vivió bastantes años y pudo pagar con creces al hombre misterioso, prestando sus servicios y ayuda a los menos afortunados, como todos deberíamos hacerlo.

Juan Diego

Cuando éramos niños, nos contaban muchos hermosos cuentos y leyendas de México. Entre otros, la leyenda de la Virgen de Guadalupe, la Virgen Morena que se le apareció a un pobre y humilde indio llamado Juan Diego.

Sucedió que los padres franciscanos de México les dijeron a los indios que la adoración en ciertos adoratorios antiguos ya no se aceptaba y además ya no tenía ningún valor religioso. Uno de estos adoratorios o *teocallis* se hallaba en el Cerro del Tepeyac. Había sido establecido por los indios hacia muchos años. Hacía honor a la diosa *Tonantzin*, "madre." *Tonantzin* se reverenciaba como la diosa de la tierra y del maíz. Los indios le rezaban, suplicándole que los bendijera a ellos y a sus siembras. Después que se establecieron los franciscanos, los indios llevaban una buena vida cristiana, bien que su espíritu quedara quebrantado. Se les obligaba a cambiar sus costumbres y creencias milenarias y hasta se les indicaba dónde podían adorar.

En diciembre del año mil quinientos treinta y uno, sólo diez años después de la Conquista, un pobre y humilde indio llamado Juan Diego, caminaba por un cerro. Iba a misa a un pueblo cercano. Juan Diego siempre andaba de prisa, siempre se veía apenado. Iba cuesta abajo a mediados del cerro, cuando empezó a distinguir un una fragancia deliciosa que en su vida había experimentado. Luego llegaron a sus oídos voces angelicales que cantaban himnos celestiales. El cielo se convertía en exquisitos matices de colores extraordinarios. De pronto, vio un lucido resplandor de donde salió una hermosa dama morena que le recordaba a la diosa que su pueblo veneraba por muchos años.

Juan Diego estaba tan asombrado que le temblaba todo el cuerpo. Fue un encuentro inefable que no se parecía a nada que él hubiera imaginado. Luego le habló la hermosa dama morena de una voz tierna. Le pidió que permaneciera allí unos momentos. Le latía el corazón muy rápido y se arrodilló. La dama le pidió que tratara de hallar al obispo y que le dijera que ella deseaba que se edificara una iglesia en el mismo sitio donde siempre había estado el adoratorio donde los indios adoraban a su diosa. Con lágrimas en los ojos, Juan Diego le explicó a la dama, "Madre morenita, yo no soy mas que un pobre indio. Yo no soy la persona indicada en quien *usté* debería confiar su misericordioso mensaje." La dama morena sonrió y le aseguró que él era el escogido por su fe y su himildad. "Ve y yo esperaré aquí tu regreso," le dijo.

Juan Diego salió corriendo a buscar al obispo para contarle lo del encuentro con la dama morena y darle el mensaje que ella le enviaba. En un principio el obispo se negaba a verlo. Juan Diego se quedó esperando largo rato. Cuando el obispo se dignó recibirlo, no creía lo que el indio le contaba y declaró de un tono sarcástico que si aquella dama morena quería que le hiciera el favor que pedía, que le enviara alguna seña. "De otro modo, ¿cómo podré creer el cuento tan imposible con que me vienes?" le dijo.

De vuelta a su casa, Juan Diego tomó otro camino para no pasar por el sitio donde se había aparecido la dama morena. Pero una vez más se oyeron las arpas, se vio el lucido resplandor y apareció la hermosa dama morena. "Juan Diego, por qué huyes de mí?" le preguntó. Juan Diego se puso a sollozar y le contó cómo el obispo no lo había creído y que le pedía alguna seña para estar seguro de lo que él, Juan Diego, le contaba. La dama morena luego le dijo al indio que subiera a la cima del cerro y que recogiera unas rosas que había allí y que se las llevara en su tilma al obispo. Le advirtió que no fuera a descubrir lo que llevaba hasta que no estuviera delante del obispo. Era el mes de diciembre y las rosas nunca se habían dado en aquel lugar. Pero confiado y fiel, Juan Diego hizo lo que le mandaban. Para su asombro, halló las rosas que la dama le había mandado recoger.

Juan Diego regresó a la ciudad a llevarle al obispo las rosas (la seña que la dama le enviaba). Abrió su tilma delante del obispo y las rosas cayeron todas a sus pies. En el mismo instante, el jefe de la iglesia se fijó en la imagen de la hermosa dama morena que se veía estampada en la manta del pobre y humilde indio. Atónito y muy conmovido, el obispo se postró ante la imagen. La petición de la dama recibió su debido honor y hoy día se ve una hermosa catedral en el cerro donde un indio gozó de una experiencia de que muy pocos jamás han gozado. La dama morena es ahora la Virgen Morena, la santa patrona de México y de la América Latina.

Marina la Malinche

Hace cientos de años vivía una jovencita llamada Marina la Malinche. Ella era hija de un gran guerrero indio y se cree que era princesa. Su niñez fue muy feliz y llena de gozo. Su padre, hombre muy sabio, era amado de todo el pueblo. Toda su sabiduría y su habilidad se las pasó a su querida hija Marina. La jovencita era muy lista y siempre trató de complacer a su padre, para quien ella tenía el mayor respeto.

El paraíso de Marina pronto se derrumbó. Su padre murió y su madre escogió a otro hombre con quien casarse. El padrastro vendió a la jovencita al gran líder azteca, Moctezuma. Los aztecas habían desarrollado una gran civilización en el centro del Valle de México, en lo que hoy día es la Ciudad de México. Por cientos de años, los aztecas tenían una creencia que un dios blanco y de cutis rubio vendría a vivir entre ellos.

Durante ese tiempo, los españoles del continente europeo andaban en busca de tesoros, riquezas y pueblos que conquistar. El líder de estos hombres se llamaba Hernando Cortés. Se le conocía por dondequiera por su pelo rubio y su piel blanca. Muy pocos de los soldados españoles gozaban de la lealtad de sus hombres como Cortés.

Los jefes españoles aprobaron a Cortés para que saliera en busca de riquezas y tierras. Le dieron un pequeño ejército, algunos barcos y provisiones. Navegaron por meses y al fin llegaron a las costas de lo que ahora llamamos México. Caminaron a pie hasta el interior de esas tierras desconocidas, siempre en busca de grandes tesoros que se creía existían en aquellos lugares. Después de una jornada azarosa, al fin llegaron a Tenochtitlán, el nombre azteca de su gran ciudad.

Los aztecas, que veían a los españoles montados en sus caballos, creían que eran dioses, como decía la leyenda. A Cortés, con su pelo rubio y su cutis blanco, lo creían ser el dios especial que habían esperado ya por siglos. Por consiguiente les abrieron las puertas de la ciudad a los dioses y trataban de complacerlos lo mejor que podían.

Un día, Cortés tenía dificultad en hacerse entender con una tribu de indios que hablaban una lengua diferente de la que hablaban los indios de Tenochtitlán y ya se impacientaba cuando Moctezuma, que no quería disgustar a su dios, llamó a Marina, una de sus intérpretes, para que ayudara a Cortés. El conquistador quedó muy impresionado con la belleza y la habilidad lingüística de Marina. La Malinche pronto resultó ser indispensable como intérprete y consejera de Cortés. Ya no era simplemente una indita común y corriente, ahora era una joven muy importante con relaciones directas para con los dioses rubios.

Marina le Malinche, creyendo equivocadamente que ayudaba a sus propios dioses, jugó un papel importantísimo en la eventual conquista de los aztecas por los españoles. Moctezuma fue ejecutado por Cortés. Los indios fueron obligados a trabajar en las minas como esclavos.

Después de la conquista, Cortés, al parecer, ya no

necesitaba a Marina y la casó con uno de sus soldados. Hasta sus últimos días, Marina nunca quiso creer que su amado "dios" la había usado para su propio provecho. Tenía el corazón partido y no quería vivir sin Cortés. Pasó sus últimos días llorando amargamente por su amado Cortés y de continuo lo buscaba cerca de las aguas. Ella nunca abandonó la esperanza que su querido "dios" la volvería a necesitar algún día. Juntos, serían un solo ser que nunca volverían a separarse. Cortés murió en 1547.

En varias partes del mundo, especialmente en México, la gente recuerda a Marina la Malinche como la indita que traicionó a su propio pueblo en favor de los españoles. También se cree que la historia de sus tristes días al fin de su vida, dio origen a la leyenda de *La llorona*.

La Estrellita

Uno de mis cuentos favoritos cuando yo era niña era el cuento de *La Estrellita*. Para mí siempre ha sido la versión española del cuento de hadas, *Cenicienta*.

Hace muchos años vivía un hombre bueno y humilde. Era muy trabajador. Su vida había sido muy feliz. Tenía una esposa muy bella y una hija que lo quería mucho. Uno de tantos días, la esposa se puso enferma y murió al cabo de algunas semanas. El pobre hombre quedó solo con su hijita. Ella era muy bondadosa y les mostraba el debido respeto a sus mayores. Andando el tiempo la jovencita *realizó* que su padre se veía muy solo. Ella rezaba que algún día él llegara a encontrar una buena mujer con quien casarse.

Cerca de ellos vivía una viuda que tenía dos hijas. *Pretendía* ser amable y generosa para con su vecinita. Le componía el pelo a la chica y hasta le hizo un bonito *túnico* con una *rosa* de listón que le hacía juego. La jovencita le suplicaba a su padre que se casara con esta dama extraordinaria. Para la chica, sería la cosa más natural. Los dos adultos estaban solos y los dos necesitaban *companía*, ella, un compañero y él, una compañera. Juntos, todos podrían formar una familia una vez más.

Pasaron unos meses y los viudos se casaron. Todo marchó muy bien durante unas cuantas semanas, pero con tres bocas más que alimentar, el padre se vio obligado a salir de casa a trabajar de pastor. No hacía más de dos días que se había ido cuando la madrastra empezó a dejarse ver en su carácter verdadero. Dormía todo el día y se negaba a hacer su trabajo. Sus hijas eran peor que ella. La jovencita no comprendía la situación. Empezó a echarse la culpa y pensó que si ella les hacía todo el quehacer, ellas, a su vez, estarían contentas y no la tratarían tan malamente. Desgraciadamente no se trataba de eso. Entre más trabajaba, más le exigían ellas.

Un día recibieron carta del padre de la chica con algún dinero para todas ella. Parte de este dinero estaba destinado a comprar una borrega. Inmediatamente, ellas compraron la borrega y la mataron. La madrastra mandó a la jovencita que se fuera al río a lavar las tripitas de la borrega. Las quería para hacer *chonguitos* (chorizo mexicano). "¡No me vayas a perder ni una sola tripita," gritaba la madrastra, "las quiero tan limpias como sea posible! Si las ensucias te voy a meter al gallinero y te voy a tener allí a pan y agua!" Las herman-astras no aguantaban la risa. La cariñosa jovencita *empacó* un pedazo de pan y un frasco de agua y se fue al río a empezar a trabajar. Casi había terminado, cuando se le cayó en el río una de la tripitas. Se asustó y corrió al lado del río con una *jarita* esperando recuperar la tripita. Iba llorando tanto que casi no podía ver por donde iba. De repente, entra una gran nube de humo, se apareció la viejita de la buena suerte. Con una voz tierna le habló a la jovencita, "No llores, por favor." "¡Oh!" exclamó la muchacha, "usted no sabe lo que va a hacer mi madrastra conmigo si vuelvo a casa y me falta una de estas tripitas." En ese momento, la viejita le entregó la tripita que había perdido. Hacía mucho que la jovencita no se había sentido tan feliz. —¡Cómo puedo recompensarla? preguntó la chica. La viejita sonrió y le pidió algo que comer. La jovencita le dio el pedazo de pan y el frasco de agua que había llevado consigo al río. Antes que se fuera la jovencita, la viejita le tocó la frente y se despidió de ella.

Cuando la joven entró en la cocina, la madrastra comenzó con sus gritos. Quería saber cómo había adquirido la muchacha la hermosa estrellita que llevaba en la frente. La joven no sabía a qué se refería la madrastra. De repente, la madrastra trató de quitarle la estrella. En vez de salir, la estrella brillaba aún más y hacía parecer más hermosa a la jovencita. De ese día en adelante la llamaban Estrellita.

Con el tiempo, la madrastra descubrió lo que había ocurrido allá en el río. En vez de enfadarse, resolvió enviar a sus dos hijas al río, con la esperanza que ellas también tuvieran la misma suerte. Obedecieron sin ganas y se fueron al río con algunas tripitas frescas. Cuando llegaron allí, *pretendían* haber perdido algunas de sus tripitas. También hacían que lloraban y hablaban entre dientes, "Vale más que esa vieja se dé prisa. No tenemos todo el día." En ese instante apareció la viejita y les entregó las tripitas. En vez de darle las gracias a la viejita, las hijas feas le dijeron, "*¡Ya era como tiempo!*" La viejita les pidió algo que comer pero no le dieron nada. Las dos insistían en que les tocara la frente. La viejita hizo lo que le pedían y las muchachas regresaron a su casa con la confianza que todo había salido bien.

Cuando llegaron a su casa, su madre se puso histérica. Estrellita se quedó en su silla asustada. Las dos hermanas creían que su recién adquirida belleza era la causa de la conmoción. Hallaron un espejo para admirarse y pronto soltaron un chillido desgarrador. En lugar de tener hermosas estrellas en la frente, una tenía un cuerno y la otra una oreja de burro. La madrastra trataba en vano de quitarles el cuerno feo y la oreja de burro, pero esto sólo los hacía crecer más.

Mientras tanto, acababan de elegir Gobernador del Estado a un joven muy guapo. Invitó a toda la gente a que fuera al Baile del Gobernador. La madrastra y sus hijas andaban excitadas y pasaron días preparándose. Por fin llegó la noche del baile y la madrastra y sus hijas salieron con mucha prisa. Estrellita no tenía *túnico* ni zapatos que ponerse pero decidió seguirlas al baile. Se quedó afuera a mirar por una ventana. Toda la gente bailaba al son de la música y parecía flotar con los ritmos tan exquisitos. ¡Oh! pensaba Estrellita, ¡qué alegría trae la música a la gente de este *pais*. La música paró de repente. Todo el mundo hablaba y apuntaba para donde ella estaba. "¿Qué brilla tan reluciente? Nos está deslumbrando," decían las voces. Estrellita de pronto *realizó* que toda la atención estaba fija en su estrella y salió corriendo hasta su casa.

La madrastra y sus hijas estaban furiosas. El baile se había acabado pronto después. El Gobernador se enteró de la bella Estrellita. El y varios otros fueron a su casa. Cuando llegaron, la encontraron llorando en su cuarto. Uno de los hombres la animó a salir. En cuanto salió y dio dos pasos hacia adelante, hubo un resplandor. Con cada paso que daba, cambiaba su aspecto. Su ropa harapienta se volvió un *túnico* hermoso con zapatos que le iban muy bien. La estrellita que llevaba en la frente brillaba como un diamante. En su vida se había sentido más hermosa. El joven Gobernador se enamoró de ella al momento que la vio. El sabía que pronto se casarían. La madrastra y sus hijas se arrodillaron pidiendo perdón. Estrellita, con mucho cariño, paciencia y comprensión, les puso la mano en la frente a cada una de sus hermanas. En el mismo momento sucedió algo muy extraño. El cuerno y la oreja de burro se les desaparecieron de la frente y se transformaron en afables y bondadosas damas. Estrellita mandó por su padre quien llegó a tiempo para acompañar a su hermosa Estrellita al altar.

La Ceniza

Este cuento tiene que ver con dos compadres, uno rico y el otro pobre. Para uno de ellos, la vida parecía pasar muy serena. No tenía que trabajar demasiado y, económicamente, parecía estar muy bien puesto. El otro compadre trabajaba de sol a sol con poco o nada de provecho.

Un día, el compadre pobre y su esposa estaban discutiendo sus problemas. Decidieron pedirle consejo a su compadre rico sobre cómo hacerle para mejorar su fortuna. El compadre pobre fue a visitar a su compadre rico. Le explicó lo desanimado que estaba:

—Yo no hago más que trabajar duro y, la mayor parte del tiempo, muchas noches nos acostamos con hambre—le dijo.—Dime tu secreto. Quiero vivir como tú. ¿Cómo puedo hacerme rico?

—Sólo porque eres tú, te voy a ayudar—le dijo el compadre rico.—Yo me hice rico vendiendo ceniza. Tú debes hacer lo mismo. (Por supuesto, el compadre rico no le estaba diciendo la verdad a su compadre.) El pobre le dio las gracias y se fue corriendo a decirle a su esposa.

Antes de la salida de sol al siguiente día, el compadre

pobre y su esposa se pusieron a trabajar y no *cestearon* hasta
que no cargaron su carro con sacos de ceniza. El compadre
pobre besó a su esposa y salió para puntos muy lejanos.
Determinando a hacer fortuna, se fue a vender su ceniza de
puerta en puerta. Algunas gentes se mostraban bondadosas,
otras se reían de él y pensaban que estaba bien loco. "¿Para
qué queremos comprar ceniza si siempre la arrojamos?" le
decían.

Los días se hicieron semanas y las semanas se hicieron
meses y el compadre no vendió ni siquiera un puñado de
ceniza. Se puso muy enojado, trastornado y se sentía
traicionado. Para peor, echaba terriblemente de menos a su
familia. Estaba preocupado y llegó a pasar muchas noches
sin dormir, preguntándose lo que iría a decirle a su compadre
rico y a su familia. Se sentía fracasado. Antes de amanecer,
resolvió volver a su casa. Allí pertenecía él y era allí que lo
necesitaban.

Después de caminar algunas millas, *realizó* que era por
demás seguir cargando los sacos de ceniza. Hasta los caballos
se negaban a *jalar* el carro. El compadre pobre se puso a
arrojar toda la ceniza. ¡Estaba haciendo una cochinada! Hasta
arrojó los sacos en que había traído la ceniza. Apenas había
comenzado el trabajo de arrojar la ceniza cuando llegó un
oficial y lo detuvo, pidiéndole explicaciones por lo que estaba
haciendo. El oficial no quedó satisfecho con lo que el compadre pobre le dijo y se lo llevó a la cárcel. Le dieron un
año de cárcel y al cumplir el año, lo pusieron en libertad.
Cuando salió de la cárcel su aspecto había cambiado tanto
que no quería que nadie lo viera. Al salir del pueblo una
señora lo vio, se compadeció de él y le dio un *nicle* para
ayudarlo. El pobre no había visto dinero en tan largo tiempo
que se puso a sollozar. Se preguntaba cuál sería el mejor
medio para invertir su dinero para ayudar a su familia. Muy
confuso, vio una tienda con un escaparate lleno de máscaras.
Entró en la tienda y explicó su situación al dueño de la

tienda. El tendero le dijo que escogiera la máscara que quisiera por el *nicle* que traía en la mano. El compadre pobre escogió la máscara del diablo. Quería que sus hijos vieran lo que parecía el diablo.

El compadre pobre caminó hasta que se hizo de noche. Decidió acampar y seguir su camino al día siguiente. Estaba a punto de dormirse, cuando oyó acercarse gente de a caballo. No queriendo que nadie lo viera, se subió a un árbol y se puso la máscara que llevaba. Dos hombres se apearon de sus caballos y se pusieron a escarbar como locos debajo del árbol. Acabaron de escarbar y se pusieron a reír y a bailar del gusto que tenían. Hallaron unos sacos llenos de monedas de oro que habían escondido allí algún tiempo atrás. El compadre pobre los veía con tanta curiosidad, que perdió el equilibrio y se cayó al suelo. Los hombres lo vieron y *arrancaron a juir*. ¡En su vida habían estado tan espantados! "¡El diablo!" gritaban. "Por lo que hemos hecho, el diablo quiere unirse a nosotros." El compadre pobre les gritaba, "¡Espérense! ¡Vamos a hablar! ¡No es lo que ustedes creen! ¡Espérense!" Los hombres le contestaban, "¡Váyase! Le prometemos arrepentirnos y ser buenos. ¡Váyase!" Fue inútil. Los hombres seguían corriendo espantados y nunca *voltearon* a ver. El compadre pobre no pudo dormir esa noche.

Por fin, cuando amaneció, decidió llevarse los sacos de oro y los caballos de los hombres. Figuraba comprarse buena ropa, comida y semilla. Cuando llegó a su casa, la familia estaba muy contenta de verlo. Lloraban y se abrazaban unos a otros de alegría. Los hombres del oro nunca se volvieron a ver, de manera que el compadre pobre y su familia quedaron en mejores condiciones que la mayor parte de sus vecinos.

El compadre rico fue a ver a su compadre. Quería que su compadre le *dijiera* cómo había adquirido su fortuna. El compadre pobre sonreía y le aseguraba que la había conseguido sólo con seguir su consejo de vender ceniza.

El Muchacho que se Hizo Principe

Hace muchos años había un hombre y una mujer que no tenían hijos. Siempre soñaban con tener un hijo. Un día supieron de un lugar muy lejos donde vivía una viejita muy cariñosa que hacía materializar los deseos de las gentes. Con mucha prisa *empacaron* todo lo que tenían y se fueron en busca de la viejita. Después de varios días de viaje, por fin llegaron a donde estaba la viejita. El hombre y la mujer le explicaron su deseo de tener un hijo. Desgraciadamente la vieja resultó ser una embustera de buena marca.

Pasaron algunos años. Un día, la mujer andaba en las eras y oyó llorar a un niño. Con mucho cuidado buscaba por dondequiera pero no hallaba de dónde venía el llorido que había oído. Por fin se arrodilló y fue a gatas hacia el lugar de donde había salido la voz del niño que lloraba. Allí, entre las yerbas descubrió un niño pequeñito. Era tan chiquito que podía ponérselo en la palma de la mano. Cuando llegó a su casa con el bebé, apenas podía hablar del gusto que tenía. El esposo se veía muy contento. ¡Por fin tenían un hijo!

Pasaron los días, las semanas, los meses y los años pero el niñito no crecía. Estaba tan chiquitito como se lo habían

encontrado en un principio. A los padres del niño parecía
que eso no les importaba. Para ellos, su hijito era el muchachito más inteligente por millas a la redonda. Siempre estaba
ansioso de aprender todo lo que le enseñaban. Un día, el
niño chiquitito decidió que ya era tiempo de dejar a sus
padres y hacer una nueva vida en algún lugar muy lejano. Su
mamá le dío una escudilla que ella usaba para hacer pan. La
escudilla sería su barquito. Su padre le dio dos ramitas de un
árbol. Estas ramitas le ayudarían para remar su barquito. Su
mamá también le dio una *abuja* que usaba para hacer
colchadura para sus *cobijas*. Esta *abuja* sería su espada. Le
dijieron al niño que en un lugar muy lejano, al otro lado del
mar, estaba un castillo donde estaría seguro, sin ningún
peligro y donde sería bien cuidado.

Cuando el muchachito llegó al castillo, encontró un rey
muy bondadoso que le dio trabajo. Su trabajo era entretener
a la hija del rey. La princesa estaba sumamente contenta de
tener a alguien tan maravilloso con quien jugar. El pequeñito
podía andar, hablar y reír. Tener a este pequeño amiguito, a
su parecer, era algo maravilloso. Era su muñequito vivo. Ya
nunca estuvo sola la hija del rey. Fue el mejor regalo que
jamás había recibido. Todos los días, durante muchos
meses, se iban a jugar al monte.

Uno de tantos días se les apareció un *mostro* con un
martillo mágico. Trató de llevarse a la princesa. Ella empezó
a dar gritos. El muchachito se asustó mucho pero sabía que
tenía que defender a su amiguita, la hija del rey. Empezó a
subírsele al *mostro* en la espalda y sacó su *abuja filuda*. Le
picó una oreja al *mostro*. Le picó la nariz, la boca. Le picó la
lengua. Pronto se vio gotear la sangre del *mostro*. Por fin, el
muchacho pequeñito le hizo cosquillas en la nariz al *mostro*
quien *pegó* el *destornudo* más ruidoso que jamás se había
oído en el reino. Hasta sacudió la tierra por millas a la
redonda. El muchachito se resbaló de la espalda del *mostro*

y cayó al suelo junto con el martillo mágico del *mostro*. El muchachito estaba muy enojado de ser tan chiquito y de no poder defender a su amiguita la princesa. Trató en vano de levantar el martillo mágico y por fin logró levantarlo pero pronto se le cayó. En ese instante el muchachito deseó que se desapareciera el *mostro* para siempre. Al instante se formó una nube de polvo y se le cumplió su deseo. El *mostro* desapareció. El muchachito pequeño y la hija del rey se veían muy contentos. Corrieron a avisarle al rey.

Al día siguiente se le ocurrió una idea a la princesa. Una vez al día dejaba caer el martillo mágico y al mismo tiempo deseaba que creciera su amiguito. Antes que te lo cuento, el muchacho pequeñito empezó a crecer. Se hacía cada vez más alto y más guapo. Pronto se enamoraron él y la hija del rey. El rey les echó la bendición y ellos vivieron muy felices el resto de su vida.

El Rico

Hace muchos años, en un pueblito tranquilo, vivía un joven que era dueño de la mayor parte de las propiedades de la región. También se le consideraba ser el hombre más rico del *pais*. La gente lo llamaba "el rico." Lo único que le faltaba era una esposa.

Camino abajo, a una corta distancia, vivía otro hombre llamado don Gonzalo. Don Gonzalo le debía al rico una cantidad considerable de dinero. Pero don Gonzalo tenía una hija, la más hermosa por millas a la redonda. La joven se llamaba Angelita. Un día, el rico decidió que quería casarse con Angelita, pero la joven le dio calabazas (lo rechazó). El rico se puso furioso y le dijo a don Gonzalo que si Angelita no se casaba con él, él, el rico, les iba a quitar la casa y el terreno. Don Gonzalo se puso muy triste con la noticia. No quería perder lo poco que tenía. Se vio obligado a firmar unos papeles en que daba su consentimiento para que Angelita se casara con el rico. También convino en que sería asunto del rico ganarse el amor de la joven. El rico se echó a reír y le dijo a don Gonzalo, "Yo pienso apoderarme legítimamente de todo lo que me pertenece," *izque* le dijo.

Llamó a sus criados y les informó que se iba a casar con Angelita. Les mandó tener la casa limpia y la comida lista para el *casorio*. También les dijo que compraran el *túnico* de novia más bonito que hallaran, junto con el velo para su futura novia. Les dijo que invitaran a toda la gente.

El día del *casorio*, el rico le dio a una criada medio simplona una larga lista de instrucciones. Le mandó ir *a cas 'e* Angelita y decirle que él, el rico, pedía lo que legítimamente le pertenecía. Además, le dijo a la criada simplona que llevara a Angelita para su casa, para la casa del rico, y que la metiera por la puerta de los sirvientes para que nadie la viera. Le dijo que la subiera a un cuarto de dormir en el piso de arriba y que la vistiera con el hermoso *túnico* de novia y su velo. Por último le dijo que la acompañara a la sala de baile en el piso bajo, para que la viera toda la gente. La criada simplona salió *volada*. Cuando llegó *a cas 'e* Angelita, le dijo que el rico la había mandado por todo lo que le pertenecía legítimamente. Angelita, un tanto confusa, se puso a pensar un rato. Pensó que como su padre le debía al rico una gran cantidad de dinero, ella debería empezar a pagarle parte de la deuda. Decidió mandarle su burra. La criada simplona salió con la burra y siguió al pie de la letra las intrucciones del rico. Subió la burra a uno de los cuartos de dormir en el piso de arriba y se puso a vestirla. El velo se lo puso a la burra en la cabeza. Luego cogió el túnico de novia y como pudo se lo encajó en las ancas (atrás). En esto le gritó el rico a la criada simplona que bajara a su novia. El ruido que hacía la burra al bajar por el *escalereado* atrajo la curiosidad de la gente. Una mujer le dijo a otra que quizás la novia no sabía andar con tacón alto. La criada simplona abrió la puerta de la sala de baile y metió a la burra "vestida" de novia, con el túnico de boda y con el velo y todo. Toda la gente se reía a carcajadas. Había algunos que estaban desmorecidos de risa. El rico se sentía como un idiota y no volvió a molestar a Angelita.

El Collar de Oro

Hace muchos años, había un hombre y una mujer que tenían muchos hijos. La familia era tan numerosa que muchas veces no había comida para todos y por consiguiente se acostaban con hambre. Un día, el padre de la familia decidió enviar a su hija mayor que saliera a buscar trabajo. La muchacha se llamaba Zenaida. Era muy trabajadora y siempre estaba lista para ayudar a la familia.

En aquellos días no era fácil conseguir trabajo, pero una vieja le ofreció trabajo a Zenaida. La vieja era muy mala y hacía trabajar a la muchacha todo el día y parte de la noche. La vieja era corta de estatura. Tenía la nariz en forma de gancho y la cara muy arrugada y cubierta de mezquinos. Tenía el pelo largo y *alambroso*. La vieja tenía una hija que era igual de mala y fea como su madre. Después de escuchar sus conversaciones y observar sus ritos, Zenaida se dio cuenta que podían ser brujas. Trabajó con ellas algunos días pero no le pagaban sus servicios. Esto continuó por largo tiempo y ella empezó a creer que nunca le iban a pagar.

Una noche, Zenaida encontró un collar de oro en el pasillo cerca de su cuarto. Se lo puso en el cuello y a media

noche se fue de casa de las brujas. Caminó la mayor parte
del día y a punto de meterse el sol, llegó a una casa muy
grande. Era un castillo. Tocó a la puerta y salió un viejito.
Zenaida le explicó su situación y le dijo que andaba
buscando trabajo. El viejito tenía muchos cuartos que
necesitaban limpiarse y le dio trabajo. El viejito se fijó en el
collar de oro que llevaba la muchacha al cuello y le preguntó
que dónde lo había encontrado. Zenaida le contestó que se
lo había quitado a una vieja bruja. El anciano sabía de quién
estaba hablando la joven. La bruja le había robado algunas
cosas al viejito y él le preguntó a la muchacha que si había
visto una espada grande con diamantes y perlas y dos
grandes sacos de oro cuando estuvo trabajando para la vieja
bruja. "Sí," le contestó Zenaida, "la espada está colgada a la
cabecera de la cama de la bruja y los sacos de oro los tiene en
un canasto. Yo misma voy ahora mismo y se los traigo." Y
se fue.

La bruja no estaba en su casa cuando la muchacha fue
por las cosas del viejito. Entró sin hacer ruido y pronto dio
con ellas. Ya iba en las últimas gradas del *escalereado*
cuando se topó con la vieja. La bruja *agarró* a Zenaida y con
su voz aguda y penetrante le gritaba, "Ahora sí te tengo en
mi poder. Bien puedes ayudarme a decidir de qué manera he
de matarte." La muchacha tuvo que pensar pronto. El corazón le latía muy fuerte. De pronto, medio tartamudeando,
le sugirió, "¿Por qué no me mete en un saco de *guangoche* y
me cuelga de una de las vigas de la cocina? Entonces puede
irse al monte a buscar un buen palo y matarme a palos." La
vieja, rascándose un poco la cabeza y con una risita malévola,
quedó en que Zenaida tenía una buena idea. Metió a la
muchacha en un gran saco de *guangoche* y lo colgó en una
de las vigas de la cocina. Luego salió para el monte a buscar
un palo con qué volver y darle una paliza a la muchacha. No
acababa de irse cuando entró al cuarto la hija de la vieja

bruja. Dentro del saco, Zenaida se puso a cantar, "¡Oh, si pudieras ver lo que yo estoy viendo! ¡Oh, si pudieras ver lo que yo estoy viendo!" La hija de la bruja, curiosa, le preguntó, "¿Qué es lo que estás viendo? Vale más que me digas o te voy a traer a mi mamá. Como tú sabes, ella es bruja." Zenaida seguía cantando, "¡Oh, si pudieras ver lo que yo estoy viendo! ¡Es una maravilla!" "Yo quiero ver eso," dijo la hija de la bruja. "No puedes. Eso es sólo para mí que estoy aquí dentro de este saco." "No lo es, no lo es," replicó la hija de la vieja. Pronto, Zenaida sintió que bajaban el saco de *guangoche* al suelo. La muchacha le ordenó a Zenaida que saliera del saco, que ella quería meterse adentro. Zenaida le dijo que el único modo de ver algo maravilloso era si colgaba el saco de una de las vigas de la cocina. La muchacha asintió. Arriba y más arriba iba Zenaida levantando el saco con la hija de la bruja adentro. Allí la dejó cantando, "¡Oh, si pudieras ver lo que yo estoy viendo!"

Zenaida cogió la espada y los sacos de oro y corrió de vuelta al castillo. Cuando llegó, el viejito le abrió la puerta y ella le entregó las posesiones que le había robado la vieja bruja. Días después, Zenaida se enteró que el viejito generoso les había dado a sus padres los sacos de oro. El viejito también presentó Zenaida a su único hijo. Con el tiempo Zenaida y el hijo del viejito se casaron y pasaron juntos muchos años maravillosos.

En cuanto a la hija de la bruja, ella se quedó dentro del saco de *guangoche* y cantaba, "¡Oh, si pudieras ver lo que yo estoy viendo!" La bruja, creyendo que era Zenaida la que cantaba, cogió el palo más grande y duro que traía del monte y empezó a darle de palos hasta que la dejó muerta.

La
Flor que Cantaba

Este cuento originó hace muchos años, cuando un
hombre y una mujer tuvieron su primer niño. Uno o dos
años más tarde, tuvieron otro hijo. El hombre y la mujer
eran honrados y muy buenos católicos y criaron a sus hijos
con sus mismos valores.

Pasaron juntos muchos años felices y llegaron a ser una
familia unida y cariñosa, hasta que un día, las fuerzas del
mal alteraron su tranquila existencia. El hijo mayor empezó
a ponerse muy enojado con el menor pretexto o sin él.
Siempre andaba *entufado* y *con una jeta* que se la pisaba. Al
parecer, estaba celoso de su hermano menor. Les decía a sus
padres a la cara que le parecía que ellos querían más al
hermano menor que a él, que era el mayor. El hogar ya no
era el mismo de antes. Los padres se daban cuenta que
tenían un problema fuera de su dominio. Ya no se sentían
dueños de la situación. Los dos hermanos se ponían a *alegar*
y algunas veces llegaban a las manos.

Cada año, durante el verano, el padre y sus hijos iban
por leña al monte. Cortaban suficiente leña para el consumo
de la casa. A veces cortaban más de la que necesitaban y se

la vendían a los vecinos. Mientras el padre trabajaba cortando leña, los chicos jugaban a las escondidas o cortaban tallos de las plantas y hacían cada uno su pito. Les encantaba alejarse uno del otro y pitar a ver si el otro podía oír su pito. Llamaron a este juego, el juego de *pítame* (dame un pitazo).

Ese verano, las riñas entre los hermanos habían llegado a su colmo. Cuando llegaron al monte, al lugar donde cortaban la leña, el padre les dijo que él iba a trabajar en un lado y que lo encontraran abajo, al pie de la sierra.

Dentro de minutos, el hermano mayor empezó a pelear con su hermanito. Estaba tan encolerizado que lo mató en la pelea. Cuando se dio cuenta de lo que había hecho, decidió enterrar el cuerpo allí a donde ellos venían por leña. A la puesta de sol se fue a encontrar a su padre al pie de la montaña. Le dijo que su hermano se había ido temprano y que el no había hecho mucho trabajo por andar buscándolo.

Por largo tiempo, la gente ayudó al padre a buscar a su hijo menor. Un día decidieron abandonar la busca. Llegó el otoño, lo siguió el invierno. Vino la primavera y la siguió una vez más el verano. Llegó el tiempo de ir por leña una vez más. El hermano mayor no quería volver al monte, al lugar donde cortaban leña y daba toda clase de excusas. El padre se puso serio y lo obligó a ir. No habían estado allí mucho rato cuando el joven empezó a oír a lo que parecía ser la voz de su hermanito. Se oía cantar. El joven se asustó mucho. No quería que su padre oyera la voz del hijo menor. *Pretendía* que era él el que estaba cantando. Le suplicaba a su padre que dejaran de cortar leña y que regresaran al pueblo. El canto del hermanito seguía oyéndose y se hacía cada vez más fuerte. El padre dio unos cuantos pasos y se detuvo a escuchar la voz que cantaba,

> Pítame, mi hermano,
> pítame con gran dolor,

> que en el monte me mataste
> y espina soy de la flor.

El padre se arrodilló y sollozaba adolorido. Le mandó a su hijo que fuera a traer a su madre y que avisara a toda la gente lo que había sucedido.

Cuando llegó la madre del joven difunto y mucha de la gente del pueblo, vieron una hermosa zarza con sólo una flor blanca con manchitas de color rojo y completamente rodeada de espinas. Sacaron el cuerpo y se lo llevaron al pueblo para prepararlo y darle un entierro en el camposanto. También sacaron la zarza y la trasplantaron y la pusieron de lápida en la tumba del hijo menor. Los padres del hijo mayor no alcanzaban a explicarse la terrible fechoría que había cometido. Lo echaron de la casa, advirtiéndole que jamás volviera por allí, que lo maldecían por siempre jamás. Muy entristecido, el hijo mayor se fue de su casa y ya nunca se supo más de él.

La Nuera

Nuestra vecina siempre nos contaba el cuento de *La nuera*. Mirando hacia atrás, me he dado cuenta que ella trataba de asegurar que nosotros nunca seríamos como Dolores, la nuera egoísta de su cuento.

Una señorita llamada Dolores, tuvo la ocasión de conocer a un joven llamado Manuel. Manuel era muy cariñoso y muy trabajador. Su madre había muerto cuando él tenía dieciséis años y el chico se quedó a vivir con su padre. Tenían muchos acres de tierra y numerosos ganados de vacas y borregas.

Fue durante las *Fiestas de San Felipe* que se conocieron Manuel y Dolores. Después de unos meses de andar de novios, siempre en presencia de una persona mayor de edad, Manuel le comunicó a su padre los planes que tenía de casarse con Dolores.

Manuel y su padre fueron a casa de la señorita *a pedirla* (a pedir a los padres de la chica su mano en matrimonio). Era una tradición que los padres de la novia esperaran una semana antes de dar su respuesta. Si rechazaban la petición del novio, enviaban un mandadero o mensajero con una carta de rechazo lo que la gente llamaba *dar calabazas* al novio. Los padres de Dolores aceptaron la petición de Manuel.

El padre del novio no cabía de gusto. Como regalo de boda, traspasó todas sus tierras, animales de corral, sus ganados, su casa, en fin, todo a su querido hijo y a su futura esposa. Ellos, a su vez, le proporcionarían al padre de Manuel, un lugar donde vivir. En aquellos días, era cosa común que una familia dejara un cuarto de la casa para que viviera allí uno de los padres que quedara viudo o viuda.

Todo estuvo muy bien mientras el padre de Manuel estaba en condiciones de trabajar en la granja o rancho. Fue otro cuento cuando empezó a debilitarse. Dentro de un año, Dolores tuvo un niño muy lindo. Pronto después, ella empezó a quejarse del trabajo adicional y los problemas que le estaba dando su suegro. El pobre no podía ni pedir una taza de café sin hacerla rabiar. Si Manuel se hallaba afuera, ella se negaba a darle de comer al viejo. Dolores era muy mandona y dominaba tanto a Manuel como a su padre. La única razón porque ella permitía que el viejito se quedara allí, era que siempre podía contar con él para que cuidara al niño. El abuelo y su nieto resultaron muy *prendidos* el uno con el otro.

Dentro de poco, el viejo cayó enfermo. Su nieto se encargó de cuidarlo. El viejito pasaba días sin salir de su cuarto. Un día, Dolores anunció que ella necesitaba el cuarto donde tenían al abuelito del niño. Le dijo a Manuel que limpiara la *dispensa* y lo pusiera allí. Manuel quiso protestar pero fue en vano. Un grito de Dolores era suficiente para dejarlo quieto, meneando la cabeza. En efecto, sólo era por el niño que le permitían al viejito permanecer con la familia. Pero sí, el abuelito perdió su cuarto. Pusieron su cama de ruedas a la entrada de la cocina.

Una mañana, el nietecito se despertó y encontró al abuelito llorando. Ya se moría de frío. El niño fue al cuarto de dormir de sus padres y les quitó las tres cobijas con que se cubrían. Les dejó una cobija muy raída, la cobija que ellos le habían dado al abuelo. Fue y cubrió a su abuelito con las tres cobijas.

Hubo otras situaciones injustas que incomodaron al nieto. Una noche, Manuel y Dolores oyeron ruidos que procedían de la *dispensa*. Fueron a investigar y hallaron a su hijo que estaba muy ocupado preparando un catre con unas *cobijas* echas *garras*. También se disponía a poner sobre una mesa muy estropeada unas escudillas de madera que estaban muy rajadas. Perplejos, Manuel y Dolores le preguntaron al chico qué era lo que hacía. Sin pestañear les informó que sólo estaba preparando la *dispensa* para cuando ellos se pusieran viejos y con necesidad de alguien que los cuidara.

Tanto a Manuel como a Dolores les vino un sudor frió. Les vino a la mente el refrán que dice, Joven eres y viejo serás. Les vino un sentimiento profundo y se pusieron a llorar. Fueron a donde estaba el viejito y le pidieron que los perdonara y juraron nunca volver a faltarle al respeto y que en adelante lo tratarían con el cariño debido.

Pasaron diez maravillosos años juntos y trataron al viejito con mucho cariño y respeto. El abuelito llegó a ver los noventa años. Dolores y Manuel tenían remordimientos pero quedaron eternamente agradecidos a su hijo, quien había demostrado un comportamiento tan juicioso para su tierna edad.

El Mendigo

Hace mucho tiempo, había un hombre y su mujer. Eran muy pobres. Vivían algo retirados del pueblo. El único vecino que tenían era un hombre malo, egoísta y rezongón. Una tarde, un mendigo que iba a pie por el camino, se detuvo delante de la casa del viejo rezongón. El mendigo tocó a su puerta. Quería un vaso de agua y algo que comer. El viejo egoísta lo maltrató y, renegando, lo corrió de la puerta. Inmediatamente, el mendigo se fue y se puso en camino. Pronto llegó a la casa del hombre pobre y su esposa. Se apellidaban López. El mendigo les tocó a la puerta y el esposo, muy bondadoso, le abrió y lo invitó a entrar en su casa. Los esposos estaban muy contentos de tener visita. El mendigo les dijo que tenía mucha hambre. La mujer se apresuró a poner la mesa. No tenían más que comer que tres pedazos de tortilla dura y un poco de agua. El mendigo se cimió su pedazo de una mordida y el hombre y su esposa le dieron también los pedazos de ellos. Lo invitaron a pasar la noche con ellos pero él les dijo que sería mejor seguir su camino.

Antes de despedirse de ellos, el mendigo les aconsejó que fueran a pie a una pequeña cueva que estaba por ahí cerca. "Adentro, van a hallar una piedra lisa y redonda. Muevan la piedra y escarben debajo. Porque han sido tan buenos conmigo, ustedes van a encontrar una recompensa." El mendigo se despidió de ellos y siguió su camino. El hombre y su mujer decidieron que ya era tarde para ir a la cueva pero que irían a la mañana siguiente. No sabían que el hombre rezongón había oído toda su conversación con el mendigo. El viejo egoísta salió corriendo y no se detuvo hasta llegar a la cueva. Se puso a escarbar y descubrió un frasco de vidrio. Le quitó la tapa y metió la mano. De repente, salieron del frasco cientos de horribles insectos y le picaron. El frasco estaba lleno de *ovispas*, tarántulas y alacranes. Pronto, el hombre tenía el cuerpo cubierto de ronchas. Gritaba y saltaba para arriba y para abajo. Se apresuró a volver a tapar el frasco. Estaba tan enojado que lo único que pudo hacer fue renegar. Regresó a casa del hombre pobre y su esposa y se subió al techo. Gritaba desde arriba de la chimenea, "Escarbé y saqué el regalo que era para ustedes. ¡Aquí lo tienen! ¡Tontos estúpidos! ¡Aquí tienen su tesoro!" les gritaba. "¡Esto es lo que sacan con dar de comer a un mendigo!" *izque* les decía. Destapó el frasco otra vez y dejó caer por la chimenea todo lo que contenía. Era un montón de cosas. De pronto todo empezó a relumbrar. Los insectos se volvieron diamantes, rubíes, zafiros y otras piedras preciosas. El viejo malo, rezongón y egoísta salió corriendo a carcajadas. No supo que era él el hazmerreír. En cuanto al hombre y su esposa, ellos sólo se miraban uno al otro y sonreían. ¡Jamás volverían a estar pobres!

El Sapo

Una vez había un hombre conocido con el sobrenombre de *el sapo*. Era el simplón del pueblo. Era muy trabajador, cuando no andaba en la borrachera. Se sabía bien que muchas veces maltrataba y hasta golpeaba a su mujer. El dueño de la casa funeraria lo ocupaba en algunos trabajitos ocasionales, lo cual lo hacía sentirse muy orgulloso. Se la pasaba exagerando su trabajo en la casa funeraria y les contaba a sus amigos que él era el embalsamador oficial y que pronto sería el gerente de la casa. Añadía que él se quedaba solo en la casa funeraria y que no tenía nungún miedo o aprensión ninguna.

Una noche, sus *cuates* de parranda consiguieron permiso del dueño de la casa funeraria para hacerle una burla al sapo. Querían poner a prueba su valentía. Ya estaban aburridos de sus *echadas* o jactancias. Tenía por costumbre ir los sábados por la tarde a echarse sus copitas a la cantina local. Un sábado por la noche, sus *cuates* lo esperaron afuera del bar hasta casi la hora de cerrarse la cantina. Efectivamente, el sapo bebió tanto que hasta se cayó del banquito o taburete del bar. Se había desmayado. Sus amigos no lo llevaron a su casa como de costumbre, sino que se lo llevaron directamente a la casa funeraria para hacerle la burla.

Lo vistieron, le pusieron una camisa blanca y una corbata de color azul marino pero lo dejaron en paños menores, en sus calzoncillos, y lo acostaron como a un difunto en el *cajón* o ataúd. Le pusieron música típica de las casas funerarias y la dejaron tocar suavemente. Por último, *prendieron* algunas velas y bajaron las cortinas de la sala. Sus *cuates* se fueron y lo dejaron solo en su estupor de ebriedad.

Por la mañana, el dueño de la casa funeraria se despertó temprano para ensayar un discurso de elogio que le habían encargado para el entierro de su abuelo ese mismo día. No tenía mucha experiencia en lo que tenía que ver con tales discursos, de manera que se puso a practicar en voz alta.

Poco después, se despertó el sapo. No alcanzaba a saber dónde estaba o qué era lo que le había sucedido. Se sentía medio dormido o medio soñando. Tenía un dolorazo de cabeza y el estómago revuelto. La sala le paracía estar dando vueltas. Seguía tendido boca arriba como un difunto normal. Empezó a mover los ojos, los movía a la derecha, luego a la izquierda y por fin, hacia el *techo* de la sala. El cerebro no le ayudaba para nada. Seguía enviándole mensajes equivocados. De repente el sapo se dio cuenta que estaba en un *cajón de muerto.* Creyó que se había muerto pero no comprendía por qué todavía podía mover los ojo, los brazos, y las piernas. En ese instante oyó hablar en voz alta, "¡Lázaro! ¡Lázaro! Levántate y anda!" El Sapo pensó que era Dios que le hablaba. En efecto, era la voz del dueño de la casa funeraria que ensayaba su elogio. El sapo se puso histérico y perdió el dominio sobre sí. Trataba de salir del ataúd, que de pronto se volcó y echó a rodar por el suelo al "difunto." El sapo se levantó y salió corriendo de la casa funeraria. La casa funeraria estaba cerca de la plaza de armas, donde había gente

que se paseaba, otros se veían platicando en sus carros. Al
sapo le importaba poco. Con toda la fuerza de los pulmones
se puso a gritar, "¡Aleluya! ¡Aleluya! ¡Bendito sea Dios! Yo
estaba muerto y acabo de resucitar!" La mayor parte de la
gente no comprendía lo que estaba pasando, pero siempre le
parecía muy cómico. Los amigos no tuvieron el valor de
decirle lo que había ocurrido la noche anterior. El sapo
ambió su modo de vida y ya nunca volvió a beber. Se convirtió en un esposo modelo y buen padre de familia. Estaba
muy contento de estar vivo. Sus amigos, a su vez, perdieron
un buen amigo de la borrachera.

La Morena Linda

Hace muchos siglos, vivía un joven español fuerte y muy guapo. Parecía poseer las cualidades necesarias para llegar a ser un líder ideal de su época. Se llamaba Miguel. Sus padres habían emigrado de España y se habían establecido en México con mucho éxito. Miguel no sólo disfrutaba del poder político de la familia, sino también de su riqueza.

Un poco antes de ser nombrado general en el ejército mexicano, se casó con una hermosa y simpática india maya. La gente la llamaba la morena linda. Ella y su esposo estaban muy enamorados el uno del otro. Ella apenas podía creer que la vida pudiera ser tan perfecta. Siempre se sentía en paz mientras vivían una vida de tranquilidad. Las dificultades de antaño se desvanecieron en un recuerdo ante su nueva encontrada felicidad. La vida era como una vela. Daba luz y seguridad con un toque de calor necesario para hacer crecer el amor de los dos.

Poco después, eligieron presidente de México a Miguel y la vida comenzó a moverse a un paso veloz. Había mucho trabajo que hacer pero faltaba tiempo suficiente para hacerlo.

El horario riguroso requería agasajar a los ricos y famosos. Las damas mexicanas que asistían a esas fiestecitas representaban las grandes riquezas del país. Con frecuencia hacían sentirse inferior a la morena linda, la esposa del presidente, y constantemente trataban de superarse unas a las otras con su ropa elegante y sus joyas.

A la morena linda le gustaba la simplicidad. Sabía muchas lenguas indias pero no hablaba español con soltura, especialmente cuando todos hablaban tan rápido. En esas funciones las damas se agrupaban alrededor de Miguel pero ignoraban a la morena. Creían que lo que Miguel necesitaba a su lado era una hermosa mexicana.

Había en particular una hermosa mujer que se llamaba María Elena del Río. Su familia había llegado a México varios años atrás. Tenía el pelo dorado como el sol y los ojs azules como el agua color azul marino. Era muy rubia.

Un día, la morena vio a Miguel y a María Elena hablando juntos. Estaban riéndose y se cogían las manos. Parecía muy natural, en fin, los dos venían del mismo país y tenían los mismos intereses culturales en común. Hablaban sin cesar y parecía que nunca acabarían de charlar. La morena empezó a aislarse un tanto. Su corazón estaba triste y su cuerpo se sentía frío y pegajoso.

La morena se sentía tan desdichada que resolvió irse del palacio presidencial. Creía que sería mejor hacerse a un lado. No soportaba la idea de ver que otra mujer le estuviera quitando a su esposo. Se fue a un sitio que conocía cuando era niña. Ese lugar estaba rodeado de montañas, verdes prados y un lago muy hermoso. Era allí donde su madre se había ahogado. La morena siempre hallaba paz, consuelo y amor en ese paraíso natural. Parecía protegerla del mismo modo que la habían protegido su madre y Miguel.

La morena se arrodilló y le contó sus cuitas a la madre difunta, "Madre, ¿por qué no soy yo rubia como la diosa dorada que me está robando a mi alma?" El cielo, aunque estaba muy despejado, de pronto se volvió truenos, rayos y relámpagos. Ante sus ojos, su madre se apareció sobre las aguas del lago.

"Morenita, ¿es a mí a quién llamas? ¿Soy yo a quién buscas? Llora, no tengas vergüenza confesar. Llora, nadie nos verá. Mírame. Yo soy una imposible fantasía de niebla y de luz. Yo no tengo cuerpo y yo también estoy llorando."

La morena tenía tanto gusto de ver a su madre que se acercó más a la visión. De repente se encontró en lo más hondo del lago y boqueaba por falta de aire. En su estado de confusión y desesperación, logró salirse del agua y se puso a andar sin dirección alguna. Estaba rendida y sólo anhelaba dormirse en seguida para olvidar sus problemas.

Al día siguiente cuando se despertó, para su sorpresa, se hallaba en una cueva. Todavía tenía la mente brumosa y por algunos momentos creía que su experiencia del día antes había sido un feliz sueño. La morena miró a su derredor y vio un traje de fiesta con un chal más elegante que los que había visto en a las elegantes damas.

Una tarde, no mucho después de su visión, Miguel llegó en busca de la morena. Estaba con su traje nuevo a la luz de la luna y las estrellas y se veía más hermosa que nunca. "¡Miguel, mi alma!" lo llamaba. Miguel caminó hacia ella y los dos extendieron los brazos hasta tocarse las manos. El sabía, más que nunca, lo mucho que la amaba. Jamás dejaría que nadie se interpusiera entre los dos.

Miguel no podía comprender por qué la morena lo había dejado. Ella le explicó que a ella le gustaba ir a ese tranquilo sitio donde podía cambiar opiniones con su madre. "Recé," le dijo, "que mi madre me ayudara a obtener un cutis rubio, ojos como las aguas azules y un pelo dorado como el sol. Quería vestirme y parecerme a la dama española que te atravesaba el corazón mientras el mío sangraba. Creí que si no fuera morena, me amarías para toda la vida." Miguel no podía creer el dolor de la morena. El se había enamorado de ella por su amabilidad, no por el color de su cutis y la abrazó y la cubrió de besos tiernos.

Juntos, volvieron al palacio presidencial. Miguel le enviaba flores todos los días para recordar a la morena su soberana hermosura.

Don Samuel

En mil *nuevecientos* veinte, un hombre llamado Samuel, se casó con una mujer llamada Isabel. Tuvieron seis hijos. Samuel era trabajador migratorio en Colorado. Los trabajadores migratorios van de un lugar a otro haciendo trabajos de temporada: pizcando algodón, recogiendo fruta, trabajando en la papa, en el *betabel*, etc.

Una noche, cuando la familia dormía, se les quemó la casa. Isabel sacó a los niños pero ella pereció en la llamas cuando trataba de sacar algunas cajas de ropa. Fue una tragedia que no se olvidó fácil.

Samuel se fue de Colorado y comenzó a trabajar en las minas de carbón. Trató de hacer las veces de padre y madre. Al acostarse, todos se arrodillaban a rezar y nunca se olvidaban de incluir a su madre en sus oraciones.

Una tarde tormentosa, cuando Samuel volvía a su casa, decidió sentarse en el portal hasta que se quitara la lluvia. Tenía muchas cuentas y se preguntaba cómo iba a poder mantener a los niños y tenerlos todos juntos. Se veía muy preocupado y se le rodaban las lágrimas. De repente oyó que cantaban. Era una dama vestida de negro que se le iba aproximando. Samuel *prendió* su pipa. Tosía y se hizo el que no la había visto. A su edad, se sentía inclinado a imaginaciones sobrenaturales. Después de un rato, se veía perturbado con la "imaginada" aparición que se le quedaba fija en los ojos. Para calmar su ansiedad, empezó a rezongar de los terribles relámpagos y truenos que se suscitaban repentinamente. Con todo, y a pesar de querer apartar de su mente la horrible aparición, ésta seguía fija en su vista.

Después de lo que parecía una eternidad, la mujer vestida de negro le habló a Samuel de una voz suave e inquietante, "Yo sé mucho de ti y de tu familia. Yo no soy una anciana común y corriente. He decidido ayudarte con mis poderes mágicos. Ya no me queda mucho tiempo y tú debes escucharme." Samuel tenía miedo. Le latía el corazón muy fuerte. Estaba temblando, tenía la boca seca y la lengua hecha nudos. Se preguntaba por qué la aparición lo había escogido a él. La mujer sentía su pavor y continuó, "¡No tengas miedo de mí! Yo sé todo lo que has sufrido a lo largo de tu vida y, por la bondad en tu corazón, estoy aquí para otorgarte mis poderes mágicos. Samuel, adminístralos con prudencia. Tu familia no volverá a sufrir. Pero si los usas de una manera destructiva, la vida de todos ustedes terminará trágicamente. Cuando quieras que cambie tu suerte, repite estas palabras: 'Pobre era pero nunca más.' "

Con el tiempo, las cosas se pusieron peor. Completamente frustrado, Samuel resolvió seguir las instrucciones de la mujer y repitió las palabras mágicas que le había enseñado la mujer. Se llevó las manos a las *bolsas* y, sorprendido, encontró cantidades de dinero. Estaba asombrado en extremo. Pudo comprar comestibles, ropa y utensilios de cocina y todavía le quedaba dinero.

Samuel se encontraba sentado en un cuarto, rodeado de dinero. Su imaginación corría desenfrenada. Dentro de una semana dejó el trabajo en la mina junto con el pasado y, con los brazos abiertos, le dio bienvenida a su nueva vida de opulencia.

Se mudaron muy lejos, donde nadie los conocía. Samuel y sus hijos *pretendían* que siempre habían llevado una vida privilegiada y de desahogo financiero. La nueva vida se les convirtió en toda una obsesión. Entre más tenían, más querían. Rechazaban todo lo que les hacía recordar su vida anterior de pobreza. Perdieron todo contacto con la realidad. Empezaron a creer que todo el mundo los perseguía. Dentro de algunos años, la gente los consideraba raros, y muy pocos se atrevían a acercárseles. A Samuel se le habían olvidado los consejos de la mujer vestida de negro de no dejar la codicia y la vanidad reemplazar sus costumbres buenas y generosas.

Tres meses más tarde, hubo una gran explosión en las afueras del pueblo. La explosión había destruido una casa muy grande, de quince habitaciones. ¡Era la casa de Samuel y su familia! La vida de todos llegó a su fin exactamente en el aniversario de la muerte de Isabel.

La noche después del entierro se vio en el cementerio una dama vestida de negro. Cruzaba el lugar donde estaban enterrados Samuel y sus hijos. Al pasar por la tumba de Samuel, se fijó en las palabras inscritas en la lápida, "Era pobre, pero no más." La dama meneó la cabeza y desapareció en las sombras.

El Velorio

La tradición hispánica del *velorio* se remonta a los días cuando la gente viajaba en carretelas. En aquellos días, cuando moría alguna persona de la comunidad, los vecinos no sólo ofrecían a la familia sus condolencias, sino también sus servicios. La víspera del entierro, mucha gente se reunía en casa del difunto para el *velorio*. El cuerpo se tendía en uno de los cuartos de dormir o en el *cuerto de recibo*. Muchos de los amigos íntimos y las personas de la familia se quedaban toda la noche para velar al difunto y acompañar a la familia. Se cantaban *alabados* (himnos religiosos), se *prendían* velas y lámparas de aceite y siempre trascendía la fragancia de la leña de piñón que ardía en la estufa o en el *jogón*. Era toda una experiencia quedarse uno despierto toda la noche y escuchar a los mayores hablar, rezar o cantar. Es de esa experiencia que relato el cuento que todavía recuerdo vívidamente.

Un día, al amanecer, murió una buena mujer llamada Simona. Su esposo había muerto algunos años antes. Habían tenido un hijo único, pero era más que suficiente. Nunca le

dio a su madre mas que muchas dificultades. Se llamaba
Pedro. Nunca trabajaba. Se la pasaba bebiendo y peleando
con los vecinos. Simona siempre le rogaba que cambiara sus
modales pero él sólo se reía y salía de nuevo. No respetaba a
su madre.

Un día murió Simona. Pedro tenía remordimiento por
muchas cosas, pero especialmente por no haber alcanzado a
pedirle perdón. Algunas semanas después del entierro de su
madre, el hijo seguía bebiendo, aunque no tanto como antes.

En la misma vecindad también vivía una viejita con su
hijo. Una noche el hijo había salido a la *plaza*. Ya casi eran
las tres de la mañana y el muchacho no había vuelto. La
viejita estaba muy preocupada que algo le hubiera sucedido.
Ya no aguantaba adentro de la casa y decidió salir al camino
a esperarlo. La viejita llevaba un tápalo negro que le cubría
la mayor parte de la cara. Era una noche obscura, a excepción
de la luz pálida de la luna. A esa hora, apenas regresaba a su
casa el hijo de Simona. Venía en su caballo y trataba de
cantar una canción. Venía un tanto alegre pero no borracho.
La viejita sabía que el que se acercaba no era su hijo pero
decidió hablarle, quizás le pudiera dar razón de su hijo. Se
acercó a Pedro y, llorando, le pedía razón del muchacho,
"¿No me has visto a mi hijo? Estoy muy preocupada. He
estado esperándolo." Se acercó más a Pedro quien, muy
asombrado, le gritó, "¡Mamá!" Quería pedirle perdón a la
viejita, creyendo que era su madre. Al mismo instante cayó
del caballo. La viejita salió corriendo a pedir ayuda de unos
vecinos. Cuando llegaron, se sorprendieron de ver a Pedro
en el suelo. ¡Estaba muerto! La gente figuró que el joven
había muerto del susto que llevó cuando vio de repente a la
viejita vestida de negro como su mamá. El susto había
precipitado un ataque de corazón. Se cree que Pedro estaba
convencido que el espíritu de su madre había vuelto a
aparecérsele por sus malos modales.

La Panadera

Cuando yo iba creciendo, algunas mujeres todavía usaban hornos de adobe para hacer pan. Los hornos de adobe se hacen de zoquete (barro), paja y un poco de agua. Los hornos tienen una forma redonda y una abertura (o boca) por donde meter el pan crudo y sacarlo cocido. Una amiga mía trató de disuadirme de mandar hacer un horno para mi negocio de panadera con el cuento que sigue.

Una vez había una mujer que hacía un pan muy rico. Un día, resolvió hacer pan para vender. Pronto se extendió la noticia por millas alrededor y la gente empezó a ir a su casa a comprarle pan. Por desgracia, el horno de su estufa era muy pequeño y la mujer no podía hacer pan lo suficiente rápido para abastecer a sus numerosos clientes. Un noche, le explicó su situación a su querido esposo. "Si tuviera un horno de adobe, yo podría hacer pan más rápido y ganar más dinero." Siempre listo para ayudar a su mujer, el esposo se puso a la obra al día siguiente. Mezcló el zoquete o barro, el agua y la paja junto con otros ingredientes, *izque* secretos. Con esta mezcla, empezó a hacer adobes para el horno y, una vez hechos, los ponía al sol para que se empezaran a secar.

La gente del pueblo pronto supo que el esposo de la panadera le estaba haciendo un horno de adobe y fueron a ver cómo lo iba a hacer. Todos le daban su opinión sobre qué dirección debería tener la boca el horno. Le gritaban, "Póngale la boca al horno aquí. No, no, allí, poquito más arriba. Un poco más abajo. Hágala más ancha." ¡Pobre hombre! Con cada sugerencia tenía que echar abajo su obra y luego empezar de nuevo. La esposa insistía en que deberían complacer a todos sus clientes. No quería perderse ni una sola venta. Pero entre más trataban de complacerlos, peor se hacía la situación.

Para este tiempo, los carros de caballos de la gente que iba llegando hacían una cola de millas. ¡Era una muchedumbre! Había quienes *alegaban*, otros se peleaban y todos se insultaban y renegaban. Pero nadie estaba de acuerdo con nada, especialmente sobre qué dirección debería tener la boca del horno. Por último, la panadera y su esposo salieron con una idea extraordinaria. Se pusieron a trabajar. El hombre halló un *pinabete* alto y muy grueso y empezó a cortar el tronco hasta que no quedó más que el tocón, o sea la parte del tronco del árbol que queda unida a la raíz. Sobre el tocón, con mucho cuidado puso una rueda grande de carro de caballos de tal manera que pudiera girar (dar vueltas). Hizo el horno en una tarima sobre la rueda. Ahora sí podía complacer a toda la gente. Cuando alguien fuera con su consejo sobre qué dirección debería tener la boca del horno, lo único que tendría que hacer el hombre sería darle una vuelta al horno y le honraría su consejo. Las gentes impertinentes volvieron a sus casas viendo que la panadera y su esposo les habían dado una buena lección. Los esposos dieron gracias a Dios. Con un poco de astucia habían logrado complacer a todos sus clientes. Ahora, todo el mundo estaba contento y seguiría yendo a comprarle pan a la panadera.